LITERATURWISSEN FÜR SCHÜLER

# Einführung in die Verslehre

Von
Hans-Dieter Gelfert

Philipp Reclam jun. Stuttgart

RECLAMS UNIVERSAL-BIBLIOTHEK Nr. 15037
Alle Rechte vorbehalten
© 1998 Philipp Reclam jun. GmbH & Co., Stuttgart
Gesamtherstellung: Reclam, Ditzingen. Printed in Germany 2005
RECLAM, UNIVERSAL-BIBLIOTHEK und
RECLAMS UNIVERSAL-BIBLIOTHEK sind eingetragene Marken
der Philipp Reclam jun. GmbH & Co., Stuttgart
ISBN 3-15-015037-X

www.reclam.de

# Inhalt

Systematischer Teil

Wozu überhaupt Verse? .................................. 6
   Das Ästhetische ...................................... 8
   Ästhetische Lust ..................................... 9
   Ordnung ............................................ 12
   Abweichung ......................................... 15
   Ausdruck ........................................... 17
   Vollendung und Bedeutung ........................... 18

Paralinguistische Bauelemente des Gedichts ........... 19

Die Ebene des Sprachlauts ............................. 23
   Klangfarbe ......................................... 23
   Melodie ............................................ 28

Die Ebene von Silbe und Versfuß ...................... 31
   Metrum ............................................. 31
   Zwei metrische Grundgewebe ......................... 43
   Rhythmus ........................................... 45

Die Ebene des Verses .................................. 51
   Versanfang: Freiheit des ersten Taktes ............. 51
   Versende: Kadenz und Enjambement ................... 52
   Versgliederung: Zäsur und Diärese .................. 55

Versbindung durch den Reim ............................ 57
   Stabreim (Alliteration) ............................ 58
   Assonanz ........................................... 58
   Silbenreim ......................................... 59
   Grammatischer Reim und Augenreim ................... 61
   Binnenreim ......................................... 61
   Reimschema ......................................... 62

Die Ebene von Strophe und Gedicht .................... 64
   Strophischer und nichtstrophischer Bau ............. 64
   Allgemeine Bauprinzipien ........................... 66

## Inhalt

Historischer Teil

Versformen . . . . . . . . . . . . . . . . . . . . . . . 77
   Eintakter . . . . . . . . . . . . . . . . . . . . . . 77
   Zweitakter . . . . . . . . . . . . . . . . . . . . . . 78
   Drei- und Viertakter . . . . . . . . . . . . . . . . 79
   Fünftakter . . . . . . . . . . . . . . . . . . . . . . 79
   Sechstakter . . . . . . . . . . . . . . . . . . . . . 80
   Siebentakter . . . . . . . . . . . . . . . . . . . . . 82
   Achttakter . . . . . . . . . . . . . . . . . . . . . . 83
   Germanische Langzeile . . . . . . . . . . . . . . . 84
   Knittelvers . . . . . . . . . . . . . . . . . . . . . . 84
Strophenformen . . . . . . . . . . . . . . . . . . . . . 85
   Zweizeilige Strophen . . . . . . . . . . . . . . . . 86
   Dreizeilige Strophen . . . . . . . . . . . . . . . . 87
   Vierzeilige Strophen . . . . . . . . . . . . . . . . 88
   Balladenstrophe . . . . . . . . . . . . . . . . . . . 90
   Nibelungenstrophe . . . . . . . . . . . . . . . . . 90
   Fünfzeilige Strophen . . . . . . . . . . . . . . . . 91
   Sechszeilige Strophen . . . . . . . . . . . . . . . . 92
   Siebenzeilige Strophen . . . . . . . . . . . . . . . 93
   Achtzeilige Strophen . . . . . . . . . . . . . . . . 94
   Neun- und zehnzeilige Strophen . . . . . . . . . 94
   Odenstrophen . . . . . . . . . . . . . . . . . . . . 95
Antike Gedichtformen . . . . . . . . . . . . . . . . . 96
   Epigramm . . . . . . . . . . . . . . . . . . . . . . 96
   Ode . . . . . . . . . . . . . . . . . . . . . . . . . . 97
   Hymne . . . . . . . . . . . . . . . . . . . . . . . . 101
   Elegie . . . . . . . . . . . . . . . . . . . . . . . . . 103
Germanische Gedichtformen . . . . . . . . . . . . . 105
   Spruch . . . . . . . . . . . . . . . . . . . . . . . . 105
   Lied . . . . . . . . . . . . . . . . . . . . . . . . . . 107
   Ballade . . . . . . . . . . . . . . . . . . . . . . . . 109
Romanische Gedichtformen . . . . . . . . . . . . . . 112
   Kanzone, Sirventes und romanische Ballade . . . . 112
   Rondeau, Rondel und Triolett . . . . . . . . . . . 112

## Inhalt

    Villanella und Ritornell . . . . . . . . . . . . . 115
    Madrigal und ›vers libre‹ . . . . . . . . . . . . . 117
    Glosse . . . . . . . . . . . . . . . . . . . . . . . 118
    Romanze . . . . . . . . . . . . . . . . . . . . . 120
    Sestine . . . . . . . . . . . . . . . . . . . . . . . 121
    Sonett . . . . . . . . . . . . . . . . . . . . . . . 123

Außereuropäische Gedichtformen . . . . . . . . . 133
    Gasel . . . . . . . . . . . . . . . . . . . . . . . 133
    Haiku und Tanka . . . . . . . . . . . . . . . . . 134

Spielformen . . . . . . . . . . . . . . . . . . . . . 135
    Scherzgedichte . . . . . . . . . . . . . . . . . . 135
    Makkaronische Dichtung . . . . . . . . . . . . . 139
    Kryptogramme . . . . . . . . . . . . . . . . . . 140
    Sprachspiele . . . . . . . . . . . . . . . . . . . . 142
    Figurengedichte . . . . . . . . . . . . . . . . . . 144
    Spaltverse . . . . . . . . . . . . . . . . . . . . . 145
    Parodie . . . . . . . . . . . . . . . . . . . . . . 146

Neuere Gedichtformen . . . . . . . . . . . . . . . 148
    Freie Rhythmen . . . . . . . . . . . . . . . . . . 148
    Dramatischer Monolog . . . . . . . . . . . . . . 151

Hauptformen der modernen Lyrik . . . . . . . . . 156

Versdichtung heute . . . . . . . . . . . . . . . . . 165

Verfasser- und Quellennachweis der zitierten Texte 172

Literaturempfehlungen . . . . . . . . . . . . . . . 186

Sachwortregister . . . . . . . . . . . . . . . . . . . 189

# Systematischer Teil

*Wozu überhaupt Verse?*

Angenommen, wir läsen in einem philosophischen Essay die folgenden Sätze:

> Jeder Mensch hat ein innerstes Wesen, das ihm durch die Gesamtheit der Umstände zum Zeitpunkt seiner Geburt eingeprägt wurde. Dieser Wesenskern entwickelt sich im Laufe des Lebens, der Mensch kann ihm nicht entrinnen. Er ist sein Schicksal.

Sobald wir die Sätze verstanden hätten, würden wir darüber nachdenken, ob wir ihnen zustimmen oder nicht, ob sie also in unseren Augen wahr oder falsch sind. Falls wir glauben, dass der Mensch ein höheres Maß an Freiheit hat, sein Leben selbst zu gestalten, würden wir dem Schreiber vielleicht vorwerfen, dass er einen gefährlichen Determinismus verkünde, der zur Preisgabe der Autonomie verführe. Schon wären wir in einer Diskussion, in der es nicht mehr nur um die Wahrheit, sondern um das Gute geht. Ob wahr oder falsch, ob ethisch gut oder verwerflich, beides gilt nur für den Inhalt der Sätze, nicht für die Form. Den gleichen Inhalt hätten wir aber auch so lesen können:

> Wie an dem Tag, der dich der Welt verliehen,
> Die Sonne stand zum Gruße der Planeten,
> Bist alsobald und fort und fort gediehen
> Nach dem Gesetz, wonach du angetreten.
> So mußt du sein, dir kannst du nicht entfliehen,
> So sagten schon Sibyllen, so Propheten;
> Und keine Zeit und keine Macht zerstückelt
> Geprägte Form, die lebend sich entwickelt.

Dies ist das erste von Goethes »Urworten. Orphisch« mit dem Titel »ΔΑΙΜΩΝ«, »Dämon«. Warum hat Goethe so große Mühe darauf verwandt, etwas in Verse zu gießen, was er viel einfacher in Prosasätzen wie den obigen hätte ausdrücken können? Genauso gut könnten wir freilich fragen: Weshalb haben die Menschen außer dem Gehen das Tanzen und außer dem Sprechen das Singen erfunden?

In allen drei Fällen entstand neben der zweckorientierten, für das soziale Leben notwendigen Alltagshandlung eine zweite, die weitgehend zweckfrei ist und somit Luxus darstellt. Sie unterscheidet sich von der Alltagshandlung weiterhin dadurch, dass ihre Ausführung durch strenge Regeln eingeschränkt ist. Während sich die Sprechstimme stufenlos im Tonraum bewegt und dabei eine unbegrenzte Vielfalt von Stimmgeräuschen hervorbringt, produziert die Singstimme keine Geräusche, sondern reine Töne. Außerdem muss sie diese Töne aus festgelegten Tonarten wählen, so dass selbst bei einem extremen Stimmumfang von vier Oktaven nur 48 Halbtöne zur Verfügung stehen. Ähnlich eingeschränkt ist der Tanz, bei dem der Tänzer an feste Schrittfolgen gebunden ist, die wie die reinen Töne des Sängers ganz genau ausgeführt werden müssen. Auch der Versdichter lässt die Sprache nach strengen Regeln »tanzen«; und wie der Sänger versucht er, aus dem amorphen Sprechgeräusch eine musikalisch wirksame Lautfolge zu gestalten, weshalb man auch ihn vorzeiten Sänger nannte.

Anders als die Alltagshandlungen, die ein objektives Ergebnis anstreben, zielen ihre »Luxusvarianten« auf eine subjektive Wirkung im Zuhörer oder Zuschauer. Der Gehende will ein Ziel erreichen und der Sprechende will etwas mitteilen, das vom Hörer verstanden werden soll; Tänzer und Sänger hingegen wollen zuallererst beeindrucken und gefallen. Das gleiche will der Dichter. Dazu ist offenbar der selbstauferlegte Zwang strenger Regeln eine notwendige Voraussetzung. Er ist Ersatz für den Zweck, dem die Alltagshandlungen unterliegen.

## Das Ästhetische

Gefallen ist eine ästhetische Kategorie, die sich von der kognitiven des Verstehens und der ethischen des praktischen Handelns grundsätzlich unterscheidet. Wir haben es hier mit den drei Bereichen des Denkens, Wollens und Fühlens zu tun, denen die Philosophen als jeweils höchsten Wert das Wahre, Gute und Schöne zugeordnet haben. Der Vollständigkeit halber sollten wir noch das Reich des Glaubens mit dem Wert des Heiligen hinzufügen. Damit haben wir einen anthropologischen Rahmen, in dem der Platz des Ästhetischen näher zu bestimmen ist.

Wenn wir ein mathematisches Problem lösen, einen historischen Sachverhalt aufklären oder das Eintreten eines Naturereignisses richtig voraussagen, empfinden wir kognitive Befriedigung. Wir haben eine Wahrheit erkannt, deren Dimension zeitlose Dauer ist; denn wahr ist für uns das, von dem wir annehmen, dass es niemals falsifiziert werden kann. Wenn wir dagegen lesen, dass ein Mensch sein Leben für einen anderen geopfert hat oder wenn wir selber für andere ein Opfer bringen, werden wir ebenfalls Befriedigung empfinden; doch wir werden dafür den Wertbegriff des Guten verwenden, der sich ausschließlich auf willentlich vollbrachte Handlungen, nicht auf erkannte Wahrheiten oder wahrgenommene Sinneseindrücke bezieht. So werden wir es zwar für ethisch gut halten, dass ein Wissenschaftler sein Leben der Entdeckung von Naturgesetzen widmet, doch die entdeckten Gesetze werden wir nicht gut, sondern wahr nennen. Anders als das Reich der Wahrheit ist das des Guten nicht von zeitloser Dauer; denn zum Wesen einer Handlung gehört die Zeitlichkeit. Gut ist eine Handlung, wenn sie tatsächlich geschehen ist. Anderenfalls kann man sie nur hypothetisch für gut halten, wobei es durchaus möglich ist, dass sie unter bestimmten Bedingungen aufhört gut zu sein. Wenn sie aber einmal geschehen und für gut befunden ist, ruft sie ethische Befriedigung in uns wach, sobald wir uns an sie erinnern, wobei es nicht nötig ist, dass wir uns ihren konkreten Ablauf vergegenwärtigen.

Anders verhält es sich mit Tatsachen, die im Augenblick der Wahrnehmung eine Befriedigung verschaffen, welche gleich danach abklingt, doch durch Wiederholung der Wahrnehmung jederzeit reaktiviert werden kann. Hier haben wir es mit dem Phänomen des Ästhetischen zu tun; denn griechisch *aisthesis* bedeutet nichts anderes als eben sinnliche Wahrnehmung. Die spezifisch ästhetische Form von Befriedigung nennen wir Gefallen, die entsprechende Wertnorm dafür hieß lange Zeit ›das Schöne‹, und der Kulturbereich, der sich dem Ästhetischen widmet, ist noch immer die Kunst. Allerdings erwartet heute kaum noch jemand, dass die Kunst schön sei. Gefallen muss sie aber trotzdem, selbst wenn sie irritiert, wehtut oder den ›guten Geschmack‹ verletzt.

## Ästhetische Lust

Was geschieht, wenn uns etwas gefällt? Offensichtlich ist die Befriedigung, die wir im Moment der Wahrnehmung empfinden, etwas anderes als die kognitive Lust an der Wahrheit und die ethische Lust am Guten. Wohl kann das ästhetische Gefallen von diesen Lustgefühlen begleitet sein, doch es selber hat damit nichts zu tun; sonst müsste das Wohlgefallen an einem Bild von Velásquez oder an einer Sonate von Beethoven genauso gleichmäßig andauern wie die Befriedigung über eine erinnerte gute Tat. Tatsächlich empfinden wir ästhetische Lust aber, wie gesagt, nur im Moment der Wahrnehmung, weshalb uns Gegenstände, die solche Lust auslösen, zu sich zurückziehen, so dass wir bestimmte Bilder immer wieder anschauen, bestimmte Musikstücke immer wieder hören und bestimmte Gedichte immer wieder lesen wollen. Ob wir Goethes Ansicht zustimmen oder nicht, sein oben zitiertes Gedicht wird uns – sofern wir für sprachliche Schönheit empfänglich sind – gefallen, allerdings nur im Moment des Lesens oder, falls wir es auswendig können, in dem des vollständigen Vergegenwärtigens. Anderenfalls werden wir uns nur an die Aussage erinnern, die wir möglicherweise für falsch oder gar für ethisch bedenklich halten.

Während der kognitive und der ethische Bereich im Wahren und Guten einheitliche, wenn auch nicht leicht zu definierende Wertnormen besitzen, gab es im ästhetischen Bereich schon zu Zeiten der Dominanz des Schönen eine zweite konkurrierende Norm, die des Erhabenen, das mehr beeindruckt als gefällt. Darüber hinaus haben die Menschen wohl seit jeher gespürt, dass auch etwas Unschönes wie das Groteske mit Lust wahrgenommen werden kann. Heute ist die Situation noch verwirrender. Wer eine Ausstellung zeitgenössischer Kunst besucht, findet dort Bilder, die weder schön noch hässlich, weder erhaben noch grotesk sind. Das gleiche gilt für die moderne Lyrik. Wer sie mit der Erwartung liest, Eichendorffschen Wohlklang oder Hölderlinsche Erhabenheit anzutreffen, wird enttäuscht. Das einzige, was die moderne Kunstproduktion in Malerei, Musik und Dichtung mit den Werken früherer Epochen gemein hat, ist erstens, dass sie weder einen kognitiven noch einen ethischen Zweck verfolgt, und zweitens, dass sie den Hörer, Leser oder Betrachter im Augenblick der Wahrnehmung reizt; und das bedeutet, dass sie ästhetisch gefallen will. Damit stellt sich die Frage, wie und wodurch der ästhetische Reiz Lust hervorruft.

Wenn wir vor einem komplexen Gegenstand stehen, den wir nicht durchschauen, steigt unser Reizniveau an und wir empfinden Erwartungsspannung, die wir in der Alltagssprache als Neugier bezeichnen. Fangen wir dann an in dem Gegenstand eine geheime Ordnung zu erkennen, löst sich die Komplexität allmählich auf, unser Reizniveau sinkt und wir empfinden Befriedigungslust. Hebung und Senkung des Reizniveaus stellen das Grundschema aller physiologischen und psychologischen Lustvorgänge dar, vom Verstehen ei-

*Wozu überhaupt Verse?* 11

nes Witzes bis hin zum Orgasmus. Wenn beispielsweise unsere Netzhaut dem Gehirn Millionen von Farb- und Lichteindrücken meldet, werden unsere grauen Zellen in Alarmzustand versetzt. Gelingt es dem Computer unter unserer Schädeldecke aber die Millionen Daten als eine einzige Einheit, z. B. ›Blumenstrauß‹, zu identifizieren, bedeutet das eine schlagartige Entlastung. Das gleiche geschieht, wenn wir den Datenfluss einer sprachlichen Äußerung dekodieren. Dabei muss der Computer allerdings den semantischen Gehalt der Äußerung verstehen und über ihn nachdenken, was ihn zur Weiterarbeit zwingt. Wenn jedoch in der Äußerung eine Ordnung angelegt ist, die solche Weiterarbeit nicht erforderlich macht – z. B. eine metrisch-rhythmische Regelmäßigkeit oder ein kunstvolles Reimschema –, dann können sich die grauen Zellen nach dem Erkennen der Ordnung befriedigt zurücklehnen und dem limbischen System, in dem die Neurologen das Lustzentrum des Gehirns vermuten, die Erlaubnis zum ästhetischen Genuss erteilen.
Wenn diese Deutung zutrifft, lässt sich schon auf deduktivem Wege vermuten, wie eine sprachliche Äußerung beschaffen sein muss, damit sie eine ästhetische Reaktion auslöst. Zuerst einmal muss sie eine paralinguistische, d. h. eine vom semantischen Verstehen unabhängige Ordnung aufweisen. Die zweite Bedingung ist, dass die Ordnung vollständig durchschaubar sein muss; denn jeder überstehende Rest zwingt das Gehirn dazu, sich damit weiterzubeschäftigen. Wird bei der Weiterbeschäftigung auch der vermeintliche Rest als Teil der Ordnung erkannt, wird das ästhetische Vergnügen danach umso größer sein, weil eine besonders hohe Wahrnehmungsenergie bereitgestellt wurde, die nun überschüssig wird und sich als Gefühl von Befriedigung entlädt. Lässt sich der Rest aber nicht in der Ordnung unterbringen, bleibt das Vergnügen aus. Wir werden dann die gleiche Enttäuschung empfinden, wie wenn plötzlich die schöne Melodielinie eines Geigers durch einen falsch gegriffenen Ton zerstört wird. Damit es zum Genuss kommt,

muss also die Komplexität der Wahrnehmung restlos aufgelöst werden, wobei das Intervall zwischen der Anfangs- und der Restkomplexität ein Maß für die Quantität der freiwerdenden ästhetischen Lust ist.

Was bedeutet das nun für die Wahrnehmung von Dichtung? Verse unterscheiden sich von Prosa dadurch, dass in ihnen die Sprache gleichsam kristallin geworden ist. Wie in einem Kristallgitter jedes Atom, so hat in einem Gedicht jedes Wort, ja sogar jeder Laut seine feste Position. Natürlich gilt auch von guter Prosa, dass jedes Wort am richtigen Platz steht. Doch der Unterschied ist der, dass im Gedicht – wie bei einem Kristall – die Positionen durch ein System festgelegt sind und sich infolgedessen vorausahnen lassen. Gerade das macht das Wesen der Verskunst aus. Die kristalline Struktur bewirkt zum einen, dass sich die Texte leichter behalten lassen, was in Zeiten mündlicher Tradition von großer Bedeutung war. Zum anderen aber – und das ist in unserem Zusammenhang das Entscheidende – ruft das Vorausahnen psychische Spannung hervor, die durch das Eintreffen des Erahnten gelöst wird, was im Hörer das oben beschriebene Vergnügen auslöst. In dem Buch *Wie interpretiert man ein Gedicht?* hat der Verfasser im Schlusskapitel unter dem Titel »Über den Grund des Vergnügens beim Lesen eines Gedichts« das hier Erörterte ausführlicher dargelegt.

## Ordnung

Durch welche Kunstgriffe erreicht nun der Dichter die kristalline Ordnung in einem Gedicht? Um das zu verstehen, wollen wir am anderen Ende beginnen und uns erst einmal einen extrem ungeordneten Text vorstellen. Angenommen, man würde aus dem Duden nach dem Losverfahren einzelne Wörter ziehen und zu einem Text aneinanderreihen, dann gäbe es für jedes Wort die gleiche Zufallswahrscheinlichkeit. Dieser Text hätte die geringstmögliche Ordnung,

*Wozu überhaupt Verse?*

nämlich keine. Im Vergleich dazu stellt sich die Alltagsprosa einer Zeitung als bereits sehr geordnet dar, da die Regeln der Grammatik für das jeweils nächste Wort immer nur eine sehr beschränkte Zahl von Möglichkeiten zulassen. Das setzt allerdings voraus, dass wir die Sprache kennen; denn erst im Verstehen geht uns die Ordnung des Textes auf. Das semantische Verstehen setzt aber, wie wir oben sagten, noch keine ästhetische Lust frei, weil unser Gehirn den entnommenen Sinn weiterverarbeiten muss. Allerdings kann das Verstehen zu visuellen, emotionalen oder kognitiven Vorstellungen führen, die ästhetisches Vergnügen bereiten; doch diese haben nichts mit der Sprachgestalt zu tun. Ein umformulierter oder aus einer anderen Sprache übersetzter Text würde das Gleiche bewirken.
Anders verhält es sich mit dem folgenden Text:

>  Kroklokwafzi? Sememe̅mi!
>  Seiokrontro – prafriplo:
>  Bifzi, bafzi; hulale̅mi:
>  quasti basti bo ...
>  Lalu lalu lalu lalu la!
>
>  Hontraruru miromente
>  zasku zes rü rü?
>  Entepente, leiolente
>  klekwapufzi lü?
>  Lalu lalu lalu lalu la!
>
>  Simarar kos malzipempu
>  silzuzankunkrei (;)!
>  Marjomar dos: Quempu Lempu
>  Siri Suri Sei []!
>  Lalu lalu lalu lalu la!

(Christian Morgenstern, »Das große Lalulā«)

Hier verstehen wir kein einziges Wort, doch wir sehen sofort, dass der Text in hohem Maße geordnet ist. Läsen wir ihn in einer Zeitung, würde er sich vom Druckbild der übrigen Spalten so deutlich abheben wie ein frisch gepflügter Acker von den umgebenden natürlichen Wiesen. Der Vergleich ist mit Absicht gewählt. Vers kommt vom lateinischen *versus* und heißt Furche, womit anschaulich bezeichnet ist, was bei einem Gedicht am unmittelbarsten ins Auge springt, nämlich die parallel laufenden, scharf voneinander abgesetzten Zeilen. Allerdings nehmen wir das Furchenmuster nur wahr, wenn wir den Text gedruckt vor uns sehen. Hörten wir ihn dagegen gesprochen, ginge uns das Muster erst allmählich auf. Bei genauem Hinhören würden wir merken, dass wir es mit einer durchgängigen Ordnung zu tun haben. So kehren z. B. in regelmäßigen Abständen Silben wieder, die sich nur durch den Anfangskonsonanten unterscheiden. Das ist das uns vertraute Prinzip des Reims, das den Sprachfluss eines Gedichts in Abschnitte gliedert und diese gleichzeitig miteinander verbindet. Da wir Reime schon aus früher Kindheit kennen, werden wir keine Mühe haben, aus dem obigen Text das Schema einer vierzeiligen, über Kreuz gereimten Strophe herauszuhören, die mit einem etwas längeren Refrain endet. Sicher würde der Sprecher außerdem die Silben in gleichmäßigem Wechsel betonen, so dass sich ein metrisches Schema ergäbe, was wir ebenfalls als selbstverständliches Merkmal von Gedichten kennen.

Reim und Metrum sind die uns vertrauten Techniken sprachlicher Formalisierung, die aus ungebundener Prosa gebundene Versdichtung machen. Wenn wir bei unserem unverständlichen Text genau hinhören, werden wir feststellen, dass auf eine achtsilbige Einheit mit vier Hebungen eine fünfsilbige mit drei Hebungen (in der ersten Strophe abweichend eine siebensilbige mit vier Hebungen), danach wieder eine acht- und eine fünfsilbige folgen, worauf sich eine nicht reimende neunsilbige Einheit anschließt; ein Schema, das sich dreimal wiederholt. Damit wüssten wir, dass es sich um ein Gedicht handelt, das aus drei vierzeiligen Strophen besteht, die kreuzweise gereimt sind und jeweils mit einer ungereimten Refrainzeile abschließen. Dies alles können wir erkennen, ohne ein einziges Wort zu verstehen. Bei genauerer Betrachtung können wir noch eine ganze Reihe weiterer Kunstgriffe beobachten. So liegt beispielsweise in der Zeile »entepente, leiolente« ein Binnenreim und in »Siri Suri Sei« ein Stabreim vor. In »quasti basti« und »Quempu Lempu« haben wir es mit aufeinander folgenden Reimen zu tun, was man Schlagreim nennt. Auch »bifzi bafzi« klingt wie ein absichtsvoller Kunstgriff, obwohl es kein Reim ist.

Als geordnet empfinden wir einen Text, wenn wir darin das nächstfolgende Element immer schon mit einer größeren als der Zufallswahrscheinlichkeit voraussahnen können. Das ist der Fall, wenn sich in ihm etwas wiederholt, sei es ein Metrum, ein Reimschema oder eine Strophenform. Alle drei Formalisierungsmittel finden sich in unserem unverständlichen Text. Wir merken, dass sich betonte und unbetonte Silben regelmäßig abwechseln, wir antizipieren die Reime und wir wissen, dass nach jedem Refrain eine neue Strophe beginnt. Nonsens-Gedichte wie dieses werden von vielen Menschen mit ästhetischem Vergnügen gelesen, was sich durch unsere obige Hypothese leicht erklären lässt. Der Grund ist der, dass ein hochkomplexer Gegenstand, der die grauen Zellen in Alarmzustand versetzt, durch das Erkennen der Ordnung auf eine niedrigere Komplexitätsebene reduziert wird, was psychische Energie freisetzt, die nicht für weiteres Nachdenken über die semantische Bedeutung benötigt wird und deshalb lustvoll abreagiert werden kann.

## Abweichung

Während formalisierter Nonsens, bei dem die Erwartungsspannung durch Wahrnehmung der Ordnung aufgelöst werden kann, sehr vielen Menschen gefällt, ist eine Minderheit sogar imstande, auch auf Zufallstexte lustvoll zu reagieren, obgleich sich die Erwartungsspannung hier nicht auflösen lässt. Wie in der sogenannten aleatorischen, d. h. ›ausgewürfelten‹, Musik, so gibt es auch in der experimentellen Lyrik nach dem Zufallsprinzip zusammengesetzte Texte, die im Leser eine starke Erwartungsspannung aufbauen, die, da sie unaufgelöst bleibt, bei den meisten Menschen Frustration hervorruft. Leser mit geschulter ästhetischer Sensibilität können diese Spannung aber ganz einfach durch Rückkehr in die nun als Ordnung erscheinende Alltagskomplexität auflösen, so dass sie auch in diesem Fall Vergnügen empfinden.

Das Grundprinzip ist in beiden Fällen das gleiche, nämlich die Differenz zwischen zwei Ordnungszuständen, nur dass der Ordnungsgrad des obigen Gedichts *über* dem der Alltagskommunikation und der eines ausgewürfelten Textes weit *darunter* liegt. In beiden Fällen haben wir es, wenn auch in entgegengesetzter Richtung, mit Abweichung von der Normalkomplexität der Alltagswahrnehmung zu tun. Diese Abweichung scheint das allgemeinste Prinzip von Dichtung und Kunst schlechthin zu sein.

Auf dem Gebiet der Versdichtung ist die Normalebene, von der das Gedicht abweicht, die der gesprochenen und geschriebenen Alltagsprosa. Von dieser Ebene entfernt sich der Dichter bereits durch die Wahl des Verses. Er kann aber den Abstand noch dadurch vergrößern, dass er auch in der Tonlage abweicht. Das kann in zwei entgegengesetzten Richtungen geschehen. Auf Englisch würde man von *overstatement* und *understatement* sprechen. Gottfried Benn und Bertolt Brecht, die beiden herausragenden Repräsentanten der modernen deutschen Lyrik, sind beispielhafte Vertreter der beiden Möglichkeiten. Benn liebte es, seine Gedichte mit Bildern, Metaphern und entlegenen Fremdwörtern so anzureichern, dass sie trotz ihres kalten, oft zynischen Tons ein hohes Maß an lyrischer Emphase erhalten, die man wertneutral als *overstatement* bezeichnen kann. Hier ein Beispiel:

*Ein Wort*

Ein Wort, ein Satz –: aus Chiffren steigen
erkanntes Leben, jäher Sinn,
die Sonne steht, die Sphären schweigen
und alles ballt sich zu ihm hin.

Ein Wort – ein Glanz, ein Flug, ein Feuer,
ein Flammenwurf, ein Sternenstrich –
und wieder Dunkel, ungeheuer,
im leeren Raum um Welt und Ich.

Dem prunkvollen Ornat dieser poetisch aufgeladenen Sprache steht die karge, aufs äußerste verknappte Sprechweise Brechts gegenüber, der zudem auf Reim und festes Metrum verzichtet. Hier haben wir es mit formalem *understatement* zu tun.

*Auf einen chinesischen Theewurzellöwen*

Die Schlechten fürchten deine Klaue,
Die Guten freuen sich deiner Grazie.
Derlei
Hörte ich gern
Von meinem Vers.

Beide Formen der Abweichung erweisen sich als dichterisch wirksam, sofern sie der intendierten Aussage angemessen sind und sich nicht in leerlaufendem Manierismus erschöpfen.

## Ausdruck

Das eben gebrauchte Wort ›Aussage‹ sollte man besser durch ›Ausdruck‹ ersetzen, weil es die irrige Vorstellung einer formulierbaren Botschaft weckt. Tatsächlich drückt sich in einem guten Gedicht aber ein komplexer Bewusstseinsinhalt aus, der sich nicht ›aussagen‹ lässt, sondern vom Leser nur in zum Teil widersprüchlichen Bewusstseinsprozessen nachvollzogen werden kann. Der weitaus größte Teil dessen, was ein Gedicht ausdrückt, liegt allerdings im semantischen und damit im linguistischen Bereich der Sprache, zu dem nur der Zugang hat, der die Sprache versteht. Daneben gibt es aber auch Dinge, die durch die oben erwähnten Formalisierungsmittel ausgedrückt werden, z. B. durch den Sprechrhythmus oder durch lautmalerische Effekte. Das sind paralinguistische Mittel, ohne die ein Gedicht kein Gedicht ist. Doch es muss semantischer Ausdruck hinzukommen, ohne den das Gedicht ausdruckslos bleibt. Ausdruck ist das, was unserem Morgenstern-Gedicht fehlt. Deshalb wird selbst der größte Morgenstern-Verehrer es nicht für ein bedeutendes Gedicht halten; denn ein Text, der keine Bedeutung enthält, kann nicht bedeutend sein.

## Vollendung und Bedeutung

Wenn in einem Gedicht jedes Element seinen Platz in der »Kristallstruktur« hat, ist der Formalisierungsprozess abgeschlossen. Da dazu ein beträchtliches Maß an Können, also Kunst erforderlich ist, werden wir das Endprodukt nicht neutral als abgeschlossen, sondern im wertenden Sinne als vollendet empfinden. Das Erkennen der formalen Vollendung ist wesentliche Voraussetzung dafür, dass ein Kunstwerk überhaupt als solches wahrgenommen wird. Wer ein Gedicht liest und dabei blind für dessen Vollendung ist, liest es nur wie eine etwas umständlich formulierte Mitteilung. Formale Vollendung kann aber nicht alles sein, was den Wert eines Kunstwerks ausmacht; denn dann müsste man Morgensterns »Großes Lalula« gleich hoch bewerten wie Goethes »Harzreise im Winter«. Wir sagten oben, dass zur Dimension der Ordnung die des Ausdrucks hinzukommen muss. Vollendung ist ein Wertparameter, der nur für die Ordnungsdimension gilt. Für die Ausdrucksdimension brauchen wir einen zweiten Parameter, den wir Bedeutung nennen wollen. Es dürfte nicht schwer sein, sich zwei Dichtungen vorzustellen, von denen die eine uns bedeutender als die andere erscheint, obwohl sie formal weniger vollendet ist. Goethes *Faust* ist zweifellos bedeutender als sein Gedicht »Über allen Gipfeln«, doch möglicherweise ist dieses vollendeter. Im vorliegenden Buch wollen wir uns hauptsächlich mit den Kunstgriffen befassen, die zur formalen Vollendung beitragen. Deshalb sei vorab gesagt, dass eine vollendete Sprachgestalt noch kein großes Gedicht macht. Es muß darin auch etwas Gestaltetes sein, das den Leser zur Deutung zwingt, so dass es für ihn Bedeutung erlangt.

## *Paralinguistische Bauelemente des Gedichts*

Wenn wir sprachlich miteinander kommunizieren, muss unser Gehirn fortwährend Ja-Nein-Entscheidungen treffen. Bei jedem Wort, dessen Lautfolge das Ohr ans Gehirn meldet, muss dieses nacheinander die einzelnen Laute identifizieren, indem es Entscheidungen zwischen Vokal/Konsonant, stimmhaft/stimmlos und anderen Alternativen trifft. Das Gehirn vergleicht die ganze Lautfolge mit dem Lexikon in seinem Speicher und stellt eine Hypothese über die Bedeutung des Wortes auf. Nur so ist zu erklären, dass wir auch unsauber ausgesprochene oder dialektal gefärbte Wörter verstehen. Wenn ein Deutscher beispielsweise das englische Wort *bed* (Bett) ausspricht, neigt er wegen der hochdeutschen Auslautverhärtung dazu, es wie das deutsche ›Bett‹ zu artikulieren, was in englischen Ohren wie ›bet‹ klingt und ›Wette‹ bedeutet. Über die Bedeutung des Wortes entscheidet in diesem Falle ein einziger Laut oder, wie Linguisten sagen, ein *Phonem*.
Phoneme sind die kleinsten bedeutungsdifferenzierenden Einheiten der Sprache. Obwohl nun in unserem Beispiel der

Engländer das Wort *bet* hört, wird er trotzdem merken, dass der deutsche Sprecher *bed* gemeint hat; denn so wie ein bestimmtes Phonem seiner lautlichen Umgebung eine bestimmte Bedeutung gibt, so lässt umgekehrt die erahnte Bedeutung ein bestimmtes Phonem vermuten. Durch die lautliche Umgebung *be-* sind aus der Fülle des Phonem-Repertoires bereits alle diejenigen ausgeschlossen, die an der Leerstelle kein sinnvolles Wort ergeben. Genauso wird durch die Umgebung eines Satzes von vornherein eine kleine Anzahl von Wörtern eingegrenzt, die an der fraglichen Stelle des Satzes stehen können, wenn dieser einen Sinn ergeben soll. Deshalb wird der Engländer, auch wenn sein Ohr *bet* gehört hat, schließlich doch *bed* verstehen; denn sprachliche Kommunikation besteht nicht im Dekodieren von Zeichen, sondern im Verstehen von zusammenhängendem Sinn.

Was das Phonem für die Bedeutungsdifferenzierung, leisten die Wörter für die Bedeutungsvermittlung. Linguisten unterscheiden bei ihnen Formelemente, sogenannte *Morpheme*, aus denen sich das bedeutungtragende Zeichen, das im Lexikon aufgeführte *Lexem*, zusammensetzt. Wenn wir das Lexem ›Schicksalhaftigkeit‹ hören, wissen wir, dass es sich um ein durch das Morphem ›-keit‹ gebildetes Abstraktum handelt, das von einem Adjektiv abgeleitet ist, welches seinerseits durch das Morphem ›-haftig‹ aus dem Substantiv ›Schicksal‹ gebildet wurde. Das Substantiv wiederum entstand aus dem Morphem ›Schick-‹ (von schicken), dem das Morphem ›-sal‹ hinzugefügt wurde, mit dessen Hilfe aus Verben Abstrakta abgeleitet werden können.

Lexeme sind die kleinsten, selbständig auftretenden Bedeutungsträger – bzw. Funktionsträger, wenn es sich um Präpositionen und ähnliche Funktionswörter handelt. Doch sie ergeben für sich allein noch keinen Sinn. Die kleinste sinntragende Einheit ist erst der *Satz*. Um aber das tatsächlich Gemeinte einer sprachlichen Äußerung zu verstehen, reicht oft auch der Satz nicht aus. Hinreichend klar wird er erst durch die vorausgehenden und folgenden Sätze. Solche

Sinnzusammenhänge werden in der Prosa durch Absätze angezeigt. Diese wiederum sind Teile von etwas, was in der Linguistik Diskurs genannt wird. Bei einer abgegrenzten Texteinheit spricht man auch von *Textem*.

*Phonem, Morphem/Lexem, Satz* und *Absatz/Textem* liegen auf vier Ebenen, die für alle sprachlichen Kommunikationsvorgänge gelten, also auch für Dichtung. Doch bei dieser kommt ein zweites, paralinguistisches Bezugssystem hinzu, das mit der Bedeutung der Sprache nichts zu tun hat, wie wir am Beispiel des Morgenstern-Gedichts sahen. Da wir die Bedeutung der Wörter dieses Textes nicht verstehen, nehmen wir die einzelnen Laute auch nicht als bedeutungsdifferenzierende Phoneme wahr. Statt dessen reagieren wir auf ihre ästhetische Wirkung. Wie das Phonem auf der linguistischen Ebene, so ist der sinnlich-konkrete *Sprachlaut* auf der paralinguistischen die kleinste Wirkungseinheit der Sprache. Doch Laute nehmen wir nicht isoliert, sondern als Bestandteile von *Silben* wahr, die als artikulierte Segmente im Sprechfluss hörbar sind. Die Silbe entspricht auf der paralinguistischen Ebene dem Morphem. Wie dieses schon ein Lexem sein kann, so kann auch die Silbe bereits Grundeinheit eines Verses sein. Sie kann aber auch in eine Zwischeneinheit, den *Versfuß*, eingehen, der dem aus Morphemen gebildeten Lexem entspricht. Der aus einer festgelegten Anzahl von Silben oder Versfüßen gebildete *Vers* ist die Furche, die das Auge bei einem gedruckten Gedicht als kleinste formkonstituierende Einheit eines Gedichts wahrnimmt. Aus Versen schließlich setzt sich das dem Textem entsprechende *Gedicht* zusammen, wobei auf dieser Ebene noch eine dem Absatz entsprechende Gliederungseinheit, die *Strophe*, auftreten kann.

*Laut, Silbe/Versfuß, Vers* und *Strophe/Gedicht* sind demnach die paralinguistischen Entsprechungen zu *Phonem, Morphem/Lexem, Satz* und *Absatz/Textem*. Zu diesen Bauelementen müssen aber noch *Bindemittel* hinzukommen, die die Elemente zusammenhalten; denn Versdichtung ist, wie wir sagten, gebundene Sprache, und zwar deshalb, weil bei ihr die Textelemente nicht im Rahmen der grammatischen Regeln frei plazierbar, sondern in ein festes Schema eingebunden sind. Die beiden gebräuchlichsten Bindungsmethoden sind das *Metrum* und *der Reim*. Sie leisten auf der paralinguistischen Ebene das, was auf der linguistischen die grammatischen Regeln bewirken.

Wir haben eingangs von der Kristallstruktur dichterischer Texte gesprochen. Das Bild veranschaulicht sehr gut den schlackenlos durchgeformten, dauerhaft verfestigten Zustand von Gedichten, doch es weckt zugleich die Vorstellung, als würden solche Gebilde ebenso naturwüchsig entstehen, wie aus übersättigten Lösungen Kristalle wachsen. Tatsächlich sind sie aber das Ergebnis eines planvollen Schaffensprozesses, bei dem der Dichter aus dem riesigen Wortschatz der Sprache Wörter auswählt und so zusammenfügt, dass sie erstens den Regeln der Grammatik gehorchen, zweitens etwas ausdrücken und drittens in die paralinguistische Kristallstruktur passen. Deshalb wäre es angemessener, zur Illustration ein Bild aus jenem Bereich zu verwenden, der schon durch den Begriff ›Text‹ nahegelegt wird. Lateinisch *textus* heißt ›Gewebe‹ und bezeichnet damit etwas, das aus einzelnen Fäden zu einem Ganzen verknüpft wurde. Nun gibt es grob geknüpfte und maschinell gewebte Teppiche, die ihren Zweck erfüllen, indem sie Geräusche dämpfen und den Fußboden warm halten, nur gefallen sie nicht sonderlich, während fein geknüpfte den Beifall der Betrachter finden und als Kunstwerke gesammelt werden. Ihre Machart kann die gleiche sein, nur sind sie sehr viel dichter, so dass der Flor klar gezeichnete, ausdrucksvolle Ornamente zeigt, während billige Webteppiche von langweiliger Regelmäßigkeit sind und grobe Knüpfteppiche rau und struppig wirken.

Das Bild lässt sich leicht auf die Dichtkunst übertragen. Dem Grundgewebe entspricht bei traditioneller Lyrik das Metrum, der einzelne Laut ist der eingeknüpfte Florfaden, der Reim das wiederkehrende Ornament in der Bordüre, und der Bildaufbau entspricht dem semantischen Gehalt des Gedichts. Auch unter Gedichten gibt es solche von maschinenhafter Regelmäßigkeit, die unoriginell und langweilig sind, ebenso wie laienhafte Texte, die manchmal einen Hauch von Originalität verspüren lassen, aber wegen ihrer groben »Knüpftechnik« als holprig empfunden werden. Beiden stehen die Texte der wirklichen Dichter gegenüber, die sich dadurch auszeichnen, dass das Grundgewebe fehlerfrei ist und dennoch unsichtbar bleibt, weil die dichte Knüpfung nur die klaren Bilder des Flors erkennen lässt. Den neugierigen Literaturwissenschaftler reizt es natürlich, die Schlingen des Flors auseinander zu biegen und nachzuschauen, wie das Grundgewebe beschaffen ist und mit welcher Knüpftechnik die Florfäden eingesetzt sind. Denn es ist eine allgemeine Erfahrung, dass man ein komplexes Gebilde umso mehr schätzt, je besser man es versteht. Das gilt für technische Geräte ebenso wie für eine Fuge von Bach oder für ein Gedicht. Die folgenden Kapitel wollen dem Leser die Augen für die Kunstgriffe des Versbaus öffnen. Dabei muss gelegentlich etwas von dem wiederholt werden, was schon in *Wie interpretiert man ein Gedicht?* dargestellt wurde. Dort allerdings ging es um die Frage, wie das, was der Dichter in ein Gedicht hineingelegt hat, durch die Interpretation herausgeholt werden kann. Jetzt geht es darum, mit welchen Kunstgriffen es in den Text eingearbeitet wurde.

## *Die Ebene des Sprachlauts*

### Klangfarbe

Was der Leser oder Hörer eines Gedichts am unmittelbarsten wahrnimmt, ist die lautliche Oberfläche des Textes, also der Flor des Teppichs, der ästhetisch sogar dann wirkt, wenn wir die Bedeutung des Textes gar nicht verstehen, wie das Beispiel des Morgenstern-Gedichts gezeigt hat.

> Kroklokwafzi? Sememem̄i!
> Seiokrontro – prafriplo:
> Bifzi, bafzi; hulalem̄i:
> quasti basti bo ...

Wer ein Ohr für die lautlichen Finessen von Lyrik hat, wird auch aus diesen Versen eine <u>geordnete Lautfolge</u> heraushören. Die Vokalreihe beginnt mit zwei o-Lauten und steigt über a und i zu drei e-Lauten auf, um mit dem i auszuklingen. Dass dies eine ästhetisch wirksame Formalisierung darstellt, wird durch einen einfachen Test bestätigt. Wir brauchen nur einige Vokale auszutauschen, etwa so:

> Kroklikwefzo? Simomema!

Schon ist die Linie zerstört. Was eben noch wie ein beschwörender Zauberspruch klang, wirkt jetzt wie ein zungenbrecherischer Satz aus einer fremden Sprache. Das gleiche lässt sich an den weiteren Zeilen beobachten, z. B. an dieser:

> bifzi bafzi, hulalem̄i

Hier baut das Vokalintervall i/a eine Spannung auf, die sich danach zu i/u vergrößert, bevor sie über a und e zu i hin aufgelöst wird. Während beim semantischen Dekodieren der Sprache die Lautintervalle nur das Verstehen erleichtern sollen, wirken sie sich bei der sinnlichen Wahrnehmung als Quelle ästhetischen Vergnügens aus; denn je williger sich ein Vers in das Ohr einschmiegt, umso mehr gefällt er uns.
In der Dichtung werden Vokalintervalle eingesetzt, um weit ausschwingende Melodielinien zu erzielen und um zwischen aufeinanderfolgenden Zeilen eine reizvolle Spannung zu erzeugen. Man braucht nur einmal eine beliebige Anthologie zur Hand zu nehmen und die Endreime der Gedichte zu betrachten, dann wird man sehen, dass die Dichter mit Vorliebe auf einen hellen Reimvokal einen dunklen folgen lassen. Das folgende titellose Gedicht von Stefan George

zeigt, mit welcher Kunst auf diese Weise Melodiebögen erzeugt werden und wie das Gedicht durch den Kontrast der Reimvokale eine gleichsam atmende Lautbewegung erhält.

> Wir schreiten auf und ab im reichen flitter
> Des buchenganges beinah bis zum tore
> Und sehen aussen in dem feld vom gitter
> Den mandelbaum zum zweitenmal im flore.
>
> Wir suchen nach den schattenfreien bänken
> Dort wo uns niemals fremde stimmen scheuchten
> In träumen unsre arme sich verschränken
> Wir laben uns am langen milden leuchten
>
> Wir fühlen dankbar wie zu leisem brausen
> Von wipfeln strahlenspuren auf uns tropfen
> Und blicken nur und horchen wenn in pausen
> Die reifen früchte an den boden klopfen.

Es wäre müßig, in der Abfolge der Vokale nach einer bestimmten Aussage zu suchen. So etwas lässt die Sprache nur in seltenen Fällen zu. Doch die Tatsache, dass hier das große Anfangsintervall von i/o in der zweiten Strophe zu ä/eu verringert und dann mit au/o fast aufgelöst wird, unterstreicht die inhaltliche Aussage über die Harmonie einer Landschaft, in der Herbst und Frühling zusammenzufallen scheinen: es ist Herbst, doch der Mandelbaum steht »zum zweiten Mal im Flore«.

Charakteristisch für Georges kalkulierte Sprachkunst ist, dass der häufigste Vokal des Deutschen, das blasse e, nur in wenigen unvermeidlichen Wörtern und zudem meist in unbetonten Silben auftaucht, während die klangvolleren Vokale wie a, ä, au, ei, i, o, u, ü viel zahlreicher vertreten sind, als es statistisch der durchschnittlichen Verteilung im Deutschen entspricht.

Dass wir auf Sprachlaute wie auf die Qualitäten einer sinnlich wahrnehmbaren Oberfläche reagieren, zeigt sich schon daran, dass wir Laute beschreiben, als würden wir sie mit dem Auge, mit dem Tastsinn oder mit dem Wärmegefühl wahrnehmen. So empfinden wir die Vokale e und i als hell, o und u hingegen als dunkel. Die Konsonanten p, t und k wirken auf uns hart, b, d und g schon weicher und m, n und l als besonders weich. Viele Menschen empfinden außerdem dunkle und weiche Laute als warm, helle und harte als kalt, wobei solche Zuordnungen allerdings subjektiv variieren. Wie auch immer der einzelne Leser reagieren mag, er wird beim Lesen eines Gedichts die Vorstellung von einer mit den Sinnen empfundenen Oberfläche haben, ja, er muss diese Vorstellung haben, um das Gedicht als Sprachkunstwerk wahrzunehmen; denn wenn er taub dafür wäre, so wie unmusikalische Menschen unempfänglich für die nach harmonischen Gesetzen gebauten Tonfolgen der Musik sind, wäre ein Gedicht für ihn nur eine umständlich ausgedrückte sprachliche Mitteilung. Solche poesieblinden Leser sind darum noch keine schlechteren Menschen, nur entgeht ihnen eine der ergiebigsten Quellen ästhetischer Lust.

Während klassisch-romantische Gedichte den Genuss durch sprachlichen Wohlklang bewirken, erreicht die moderne Lyrik das gleiche oft durch das Gegenteil. Da die »schöne« Dichtersprache heute als verbraucht und unzeitgemäß empfunden wird, reizen die zeitgenössischen Dichter die Sensibilität des Lesers, indem sie sie gewissermaßen gegen den Strich bürsten. Aber auch dies wird durch bewusste Kunstgriffe erreicht, z. B. durch das Vermeiden eines regelmäßigen Versmaßes und durch das Einebnen der Vokalintervalle. Das folgende Beispiel soll dies verdeutlichen. Es ist der Anfang von Hans Magnus Enzensbergers Gedicht »Die Verschwundenen«, das er Nelly Sachs gewidmet hat.

> Nicht die Erde hat sie verschluckt. War es die Luft?
> Wie der Sand sind sie zahlreich, doch nicht zu Sand
> sind sie geworden, sondern zunichte. In Scharen
> sind sie vergessen.

Diesen Zeilen fehlt der sonore Wohlklang, den das Gedicht von George charakterisiert. Die Vokalqualität wird durch die Mittellage von a, e und i dominiert, mit wenigen Ausschlägen zu o und u hin. Das gibt den Sätzen etwas Sachlich-Nüchternes. Auch hier kann man den Test machen und den Text umformulieren.

> Nicht sog sie der Erdboden auf, war es die Luft?
> Zahlreich wie Sand sind sie, und wurden doch nicht
> zu Sand, sondern zunichte. Vergessen sind
> ihre Scharen.

Dies dürfte für das Ohr des versierten Lyriklesers historisch näher an Hölderlin liegen als an der Moderne. Es klingt feierlicher und »poetischer« als das Original. Gerade das aber wollte Enzensberger vermeiden. Deshalb beginnt er mit Sätzen, die den Grauschleier von Alltagssprache tragen, um dann von Zeile zu Zeile »poetischer« zu werden, bis er am Schluss in geradezu klassischer Manier seine emphatische Botschaft in drei parallelen Zeilen ausspricht, deren Ausdruckskraft wesentlich auf der aufsteigenden Vokalsequenz von o zu i hin beruht.

> Ohne die Abwesenden wäre nichts da.
> Ohne die Flüchtigen wäre nichts fest.
> Ohne die Vergessenen nichts gewiß.

Der einzelne Sprachlaut ist die kleinste poetisch wirksame Einheit der Sprache. Er ist damit, wie wir sagten, auf der paralinguistischen Ebene das, was das Phonem auf der linguistischen ist. Wie dieses wird er nicht isoliert wahrgenommen, sondern nur als Teil einer lautlichen Ausdruckseinheit. Dabei ist es gleichgültig, ob der Dichter Wohlklang und kontrastreiche Farbigkeit oder extreme Kargheit anstrebt. Beide Abweichungen von der Alltagssprache können poetisch wirksam sein. Was man bei vollendeten Gedichten aber so gut wie nie finden wird, ist die bunte Mischung der Farbwerte, wie sie in der Alltagsprosa auftritt. Der Dichter verhält sich hier genauso wie jeder gute Maler. Während zweitklassige Kalenderblattmaler ihre ganze Palette bemühen, um einen Blumenstrauß zu malen, erreichen die wahren Meister eine viel größere Farbigkeit dadurch, dass sie wenige Farben in wirkungsvollen Kontrast zueinander setzen.

## Melodie

Die Formalisierung der sinnlich wahrnehmbaren Klanggestalt eines Gedichts beschränkt sich nicht auf die geordnete Verteilung von Klangqualitäten. Durch kunstvolle Kontraste und durch das An- und Abschwellen bestimmter Klangfarben wird darüber hinaus eine Klangbewegung erzeugt, die man analog zur Musik als Melodie bezeichnen kann. Bei kurzen einstrophigen Gedichten ist sie ein wichtiges Mittel, um einem ansonsten nicht weiter gegliederten Text eine innere Struktur zu geben. Das ist z. B. in folgendem Gedicht von Theodor Storm der Fall:

*Juli*

> Klingt im Wind ein Wiegenlied,
> Sonne warm herniedersieht,
> Seine Ähren senkt das Korn,
> Rote Beere schwillt am Dorn,
> Schwer von Segen ist die Flur –
> Junge Frau, was sinnst du nur?

Das Gedicht beginnt mit hohen i-Lauten und sinkt schrittweise, gleichsam in Terrassen, zum u hin, wobei am Anfang die gehäuften i-Laute mit dem o und a in »Sonne« und »warm« und am Schluss die ebenso gehäuften u-Laute mit dem i in »sinnst« kontrastiert werden. Dabei geschieht das Absinken der Vokalqualität nicht nach einem einfachen Treppenschema, dessen Offensichtlichkeit den Leser verstimmen würde, sondern in einer kaum merklichen Schaukelbewegung von dunklen zu hellen und wieder zurück zu dunklen Vokalen. Damit bringt die Sprechmelodie sinnfällig zum Ausdruck, was auf semantischer Ebene durch die Wortbedeutungen evoziert wird, nämlich die Vorstellung von einer Frau, die ihr Kind in der Wiege schaukelt. Während das Gedicht am Anfang mit hellen i-Lauten hörbar klingt, ist es am Ende mit drei u-Lauten und einem au kurz vor dem Verstummen. Das klingende i ist in das Wort ›sinnst‹ verlagert, was exakt dem psychologischen Geschehen im Gedicht entspricht; denn das Lied klingt im Innern der Frau weiter, während um sie herum Stille herrscht und die Natur »schwer von Segen« ist wie eine schwangere Frau.

Obwohl die Melodie eines Gedichts meistens durch Vokalsequenzen realisiert wird, können auch Konsonanten wesentlich zu ihrer Wirkung beitragen. Eine Meisterin im Gebrauch dieses Ausdrucksmittels ist Annette von Droste-Hülshoff. In dem Gedicht »Durchwachte Nacht« übersetzt sie nacheinander die unterschiedlichen Bewusstseinszustände des lyrischen Ichs während einer schlaflosen Nacht in klangliche Entsprechungen. Am Anfang des Gedichts schlägt die Uhr zehn; am Ende, kurz nach vier, geht die Sonne auf. Dazwischen sind jeder verrinnenden Stunde zwei Strophen gewidmet, von denen die erste deskriptiv die jeweilige Stimmung beschwört, während die zweite die subjektive Reaktion darauf ausdrückt. Mit unnachahmlicher Meisterschaft gelingt es der Dichterin, nacheinander die wechselnden Bewusstseinszustände auszudrücken, von der gereizten Überwachheit am Anfang über den tranceartigen Zustand im Mondlicht bis hin zum neubelebten Aufatmen, als endlich die Sonne aufgeht. Dies alles wird z. T. durch kunstvolle Vokalsequenzen, aber mehr noch durch Konsonanten zum Ausdruck gebracht. Drei Strophen mögen als Beispiel genügen:

Uhrzeit: Zehn bis elf:

> Noch ist nicht alles Leben eingenickt,
> Der Schlafgemächer letzte Türen knarren;
> Vorsichtig in der Rinne Bauch gedrückt,
> Schlüpft noch der Iltis an des Giebels Sparren,
> Die schlummertrunkene Färse murrend nickt,
> Und fern im Stalle dröhnt des Rosses Scharren,
> Sein müdes Schnauben, bis, vom Mohn getränkt,
> Sich schlaff die regungslose Flanke senkt.

Uhrzeit: Eins bis zwei:

> Und drunten das Gewölke rollt und klimmt;
> Gleich einer Lampe aus dem Hünenmale
> Hervor des Mondes Silbergondel schwimmt,
> Verzitternd auf der Gasse blauem Stahle;
> An jedem Fliederblatt ein Fünkchen glimmt,
> Und hell gezeichnet von dem blassen Strahle
> Legt auf mein Lager sich des Fensters Bild,
> Vom schwanken Laubgewimmel überhüllt.

Uhrzeit: Nach vier:

> Da flammt's im Osten auf, – o Morgenglut!
> Sie steigt, sie steigt, und mit dem ersten Strahle
> Strömt Wald und Heide vor Gesangesflut,
> Das Leben quillt aus schäumendem Pokale,
> Es klirrt die Sense, flattert Falkenbrut,
> Im nahen Forste schmettern Jagdsignale,
> Und wie ein Gletscher sinkt der Träume Land
> Zerrinnend in des Horizontes Brand.

Es dürfte nicht schwer fallen, an diesen Beispielen die Kunstfertigkeit abzulesen, mit der in der ersten Strophe die Geräusche im Dunkel der Nacht, in der zweiten das zunehmende Mondlicht und in der dritten der frische Morgen mit dem Sonnenaufgang durch entsprechende Klangeffekte zum

Ausdruck gebracht werden, wobei dies nur drei Ausschnitte aus einer das ganze Gedicht durchziehenden, immer neue Klangfarben annehmenden Melodiebewegung sind.

## *Die Ebene von Silbe und Versfuß*

### Metrum

Wenn wir gesprochene Sprache hören, zieht der Sprechstrom an unserm Ohr vorbei wie ein Lattenzaun vor unsern Augen, wenn wir ihn vom Fenster eines Zugabteils sehen. Die Latten sind die Konsonanten, die den Strom entweder ganz unterbrechen oder hörbar einengen, die Zwischenräume die Vokale, bei denen der von Stimmbandschwingungen erzeugte Strom ungehindert durch die Mundöffnung fließt. Die durch die Latten markierten Abschnitte entsprechen den Silben, die wir als erkennbare Einheiten wahrnehmen. Als Silbe empfinden wir jeden Abschnitt, der einen »Zwischenraum«, d. h. einen Vokal, im Zentrum hat, wobei ein solcher schon allein eine Silbe bilden kann wie in The-o-rie. Hier wirkt der am Anfang von o auftretende sog. Knacklaut wie eine hauchdünne, aber erkennbare »Latte« zwischen den beiden Vokalen. Auf der anderen Seite kann auch ein einzelner Konsonant zur Silbe werden, wenn er wie das l in ›Kindl‹ mit einem erneuten Anschwellen des Atemstroms ausgesprochen wird. Hier spüren wir zwischen zwei dicht beieinander stehenden »Latten« einen ebenfalls hauchdünnen Zwischenraum, der auf der Seite der Vokale dem Knacklaut entspricht. Daraus folgt, dass als Silbe jede neu anschwellende Druckwelle des Sprechstroms empfunden wird, selbst wenn diese von der vorausgegangenen und der folgenden nur durch eine geringfügige Verengung des Kehlkopfes abgegrenzt wird.

Bei normaler Alltagsprosa wird der Lattenzaun sehr unregelmäßig aussehen. Er wird Latten verschiedenster Höhe in unterschiedlichsten Abständen aufweisen. In einem Gedicht sind wir dagegen gewohnt, einen sehr viel regelmäßigeren Lattenzaun anzutreffen. Regelmäßigkeit entsteht dadurch, dass sich etwas Gleichartiges wiederholt. Gleichartigkeit wollen wir *Isomorphie* nennen (griech. *isos* = gleich; *morphe* = Gestalt).

Bei unserm Lattenzaun könnte eine Isomorphie darin bestehen, dass nach jeder zehnten Latte ein Pfosten kommt. Übertragen auf den Sprechfluss wäre dies ein *silbenzählendes* oder *numerisches* Verfahren. Zur Vereinheitlichung unserer Terminologie wollen wir es *isosyllabisch* nennen, weil es auf der Gleichheit der Silbenzahl in den Versen beruht. Denkbar wäre aber auch, dass zwischen zwei Pfosten immer exakt fünf lange Latten herausragen, während die Anzahl der kurzen dazwischen wechselt. Im Sprechfluss wären die herausragenden Silben diejenigen, die den *Akzent* oder auf griechisch den *Iktus* tragen. Deshalb wollen wir dies *akzentuierende* Ordnungsschema *isoiktisch* nennen.

Ein drittes Schema könnte im *Repetieren* gleicher Gruppen, z. B. von einer langen und zwei kurzen Latten, bestehen. In der Verslehre nennt man solche wiederholten Grundeinheiten Versfüße oder *Metren*. Verse, die aus einer festen Anzahl gleicher Metren bestehen, wären demnach *isometrisch* gebaut. Dabei kann aber die Gleichheit der Metren auf zweierlei Weise definiert sein: durch gleiche Zahl und Betonung der Silben oder durch gleiche zeitliche Quantität. Im ersten Fall würden sich formal gleichgebaute *Versfüße* wiederholen. Dies wollen wir das *isopodische* Prinzip nennen (von griech. *pus* = Fuß; vgl. ›Dipodie‹ = Doppelfuß).

Wenn sich dagegen unterschiedlich geformte, aber zeitlich gleich lange Metren wiederholen, die beispielsweise aus zwei langen oder einer langen und zwei kurzen Silben bestehen können, dann bezieht sich die Gleichheit der Metren nur auf die zeitliche Quantität. Dieses vierte Prinzip, das traditionell als *quantitierende* Metrik bezeichnet wird, wollen wir *isochron* (griech. *chronos* = Zeit) nennen.

Als fünftes und letztes Schema wäre noch der regelmäßige Wechsel von langen und kurzen Latten, bzw. von betonten und unbetonten Silben denkbar, was als *alternierende* Metrik bezeichnet wird. Da der Begriff eindeutig ist, wollen wir ihn beibehalten.

In den metrischen Systemen der europäischen Dichtung sind alle fünf genannten Ordnungsprinzipien anzutreffen, wobei das isochrone, das auf der zeitlichen Gleichheit von Takten beruht, das älteste ist. Deshalb wollen wir mit ihm beginnen.

DAS QUANTITIERENDE (oder isochrone) PRINZIP: Die altgriechische Lyrik ging aus dem Chorgesang hervor, der nicht nur musikalisch dargeboten, sondern von tänzerischen Bewegungen begleitet wurde. Deshalb wählten die Griechen ein metrisches System, das dem noch heute in der Musik üblichen entspricht, nämlich das Prinzip von zeitlich gleichlangen Takten, das dafür sorgte, dass die Ausführenden sowohl beim Gesang wie auch beim Tanz stets synchron blieben. Dabei entsprach das Senken (Thesis) des Fußes dem schweren, d. h. langen, und das Heben (Arsis) dem leichten Taktteil, der entsprechend der jeweiligen Taktart aus einer Kürze, zwei Kürzen oder einer zweiten Länge bestehen konnte. Dabei ist der Takt die Maßeinheit, die einem Vers zugrunde liegt. Das griechische Wort für Maß ist *metron*, das in seiner lateinischen Form als *Metrum* in die Terminologie der Poetik übernommen wurde. Das deutsche Wort dafür ist *Versfuß*. Die Griechen haben eine Vielzahl verschiedener Versfüße entwickelt, von denen aber nur die folgenden fünf eine Rolle spielen:

| | | | | | | |
|---|---|---|---|---|---|---|
| kurz | – | lang | | | = | Jambus |
| lang | – | kurz | | | = | Trochäus |
| lang | – | kurz | – | kurz | = | Daktylus |
| kurz | – | kurz | – | lang | = | Anapäst |
| lang | – | lang | | | = | Spondeus |

Der Name Jambus ist etymologisch ungeklärt. Möglicherweise kommt er von griechisch *iaptein* (= schleudern); *trochaios* heißt ›laufend‹ und bezieht sich auf ein Tanzelement. Der *daktylos* (= Finger) heißt so, weil er wie ein Finger aus einem langen und zwei kurzen Gliedern besteht. *Anapaistos* bedeutet ›zurückgeschlagen‹, was sich offenbar darauf bezieht, dass es sich um einen rückwärts geschlagenen, umgekehrten Daktylus handelt. Der Spondeus schließlich ist nach *sponde*, dem griechischen Trankopfer, benannt, bei dem er verwendet wurde.

Vom musikalischen Standpunkt sind die ersten beiden Taktarten als ungerade und die letzten drei als gerade anzusehen; denn da zwei kurze Silben dem Wert einer langen entsprechen, haben wir es im ersten Fall mit drei halben und im zweiten Fall mit vier halben Längen zu tun. In der Antike wurden Jamben und Trochäen übrigens als Doppelfüße (Dipodien) gezählt, so dass ein Vers, den wir heute als fünfhebigen Jambus empfinden, für die Griechen ein verkürzter Trimeter (Dreifüßer) war. Dass die Griechen eine musikalische Metrik entwickeln konnten, wurde durch den Umstand begünstigt, dass ihre Sprache keinen ausgeprägten Druckakzent, sondern nur einen durch Tonhöhe angezeigten musikalischen Akzent kannte. Die römischen Dichter haben aus Bewunderung für die griechischen Vorbilder deren quantitierende Metrik übernommen, obwohl das Lateinische feste Wortakzente hatte, so dass hier das akzentuierende Prinzip mit dem quantitierenden kollidierte, was durch strenge Regeln verhindert werden musste. Zur Zeit des Humanismus in der Renaissance und des Neuhumanismus in der Goethezeit haben auch deutsche Dichter versucht, die quantitierende Metrik wiederzubeleben. Das ergab Verse wie diese:

> Tolle Zeiten hab ich erlebt und hab nicht ermangelt,
>   Selbst auch töricht zu sein, wie es die Zeit mir gebot.
>
>   (Aus: Goethe, »Venetianische Epigramme«)

## Die Ebene von Silbe und Versfuß 35

Hier haben wir es mit einem klassischen Distichon (= Zweizeiler) zu tun, das aus einem Hexameter und einem Pentameter besteht. Bezeichnet man Längen mit – und Kürzen mit ∪, dann lässt sich das Schema der beiden Zeilen so darstellen:

$$-- / -- / -\cup\cup / -- / -\cup\cup / --$$
$$-- / -\cup\cup / -// -\cup\cup / -\cup\cup / -$$

(Zäsur)

Die erste Zeile besteht aus sechs Takten, die entweder durch einen Daktylus oder einen Spondeus gefüllt werden. Die zweite Zeile hat für unser Ohr ebenfalls sechs Takte, wurde aber in der Antike als Pentameter, als Fünffüßler, bezeichnet. Der Grund dafür ist der, dass der dritte und der sechste Takt nur jeweils die halbe Länge haben, so dass die Zeile insgesamt die Länge von fünf Takten hat. Da aber der Pentameter in der Mitte eine Zäsur und damit eine Sprechpause hat, ist er bei musikalischem Vortrag ebenso lang wie der Hexameter.

Von den fünf obengenannten antiken Versfüßen sind vier in die deutsche Dichtung eingegangen, wobei jedoch Längen durch Hebungen und Kürzen durch Senkungen ersetzt wurden. Die Wörter Hebung und Senkung haben hier allerdings die umgekehrte Bedeutung wie bei den Griechen; denn jetzt beziehen sie sich auf das Heben und Senken der Stimme, so dass eine Hebung eine betonte und Senkung eine unbetonte Silbe bezeichnet. Der Spondeus konnte in die germanischen Sprachen nicht übernommen werden, da es bei einer akzentuierenden Metrik unmöglich ist, zwei betonte Silben nebeneinander als solche wahrzunehmen. Für den Hörer wird immer eine davon als stärker betont erscheinen, so dass er den Versfuß entweder als Jambus oder als Trochäus empfinden wird. Damit sind wir bereits mitten im Gegenstand des folgenden Unterkapitels.

DAS AKZENTUIERENDE (oder isoiktische) PRINZIP: Unser modernes Ohr nimmt die Länge von Silben nicht mehr wahr. Wir sind so daran gewöhnt, in einem Vers nur auf die Betonungen zu achten, dass wir automatisch die Längen durch Hebungen und die Kürzen durch Senkungen ersetzen, wobei wir bei zwei Längen in einem Versfuß die erste als Hebung, die zweite als Senkung empfinden. Das entspricht der akzentuierenden Metrik, die der altgermanischen Dichtung zugrunde liegt. Hier ein Beispiel:

> Dat gefregin ih mit firahim  firiuuzzo meista,
> dat ero ni uuas  noch ufhimil,
> noch paum,  noh pereg ni uuas
> ni sterro nohheinig  noh sunna ni scein
> noh mano ni liuhta  noh der mareo seo. [...]
>
> (Aus »Wessobrunner Gebet«)

Das erfuhr von den Menschen ich als der Wunder größtes,
dass Erde nicht war, noch oben der Himmel,
noch Baum noch Berg nicht war
noch irgendein Stern noch der Schein der Sonne
noch das Leuchten des Monds noch das Glänzen der
                                                    See. [...]

Hier sehen wir vor dem geistigen Auge manchmal drei und manchmal zwei aufeinanderfolgende identische »Latten« in kurzen, doch unregelmäßigen Abständen vorbeiziehen. Deutsche Muttersprachler werden auch in der zweiten Zeile die markierten Vokale e und u als gleichartige Latten empfinden, da sie vor Anfangsvokalen einer Silbe einen Knacklaut sprechen. Die heutigen Engländer, die diesen Laut nicht haben, würden an der Stelle des Zauns eine Unterbrechung des Schemas vermuten. Doch ihre Vorfahren, die Angelsachsen, kannten den Laut noch und haben ihn auf gleiche Weise verwendet.

Da die altgermanische Dichtung keinen Endreim hatte, musste sie die Verseinheit für den Zuhörer auf andere Weise kenntlich machen. Sie tat es durch ebendieses Verfahren des Stabreims, das die jeweils zusammengehörenden Halbzeilen

## Die Ebene von Silbe und Versfuß

miteinander verbindet. Der heutige Leser wird solche Langzeilen in der Regel mit zwei Hebungen pro Halbzeile lesen. Doch in altgermanischer Zeit wurde, wie manche Forscher meinen, neben dem akzentuierenden auch das quantitierende Prinzip berücksichtigt. Jedenfalls haben Gelehrte wie Eduard Sievers und Andreas Heusler ein kompliziertes System von Verstypen entworfen, bei dem Längen und Kürzen eine ebenso große Rolle wie Hebungen und Senkungen spielen. Heuslers System beruht auf der Annahme, dass der gesamten deutschen Metrik ein strenges System von viertaktigen Einheiten zugrunde liegt, demzufolge die germanische Langzeile sich aus zwei viertaktigen Halbzeilen zusammensetzt. Empirisch lässt sich diese Annahme weder verifizieren noch falsifizieren. Tatsache ist aber, dass allein schon wegen des Stabreims die akzentuierende metrische Gliederung im Vordergrund steht und den Grundcharakter der altgermanischen Verse bestimmt.

Auch in der neueren deutschen Dichtung ist das akzentuierende Prinzip noch gelegentlich anzutreffen, wobei es dem Vers etwas Volkstümlich-Archaisierendes gibt, was z. B. Goethe im *Faust* bewusst anstrebt, wenn er den spätmittelalterlichen Gelehrten mit dem folgenden Monolog auftreten lässt:

> Habe nun, ach! Philosophie,
> Juristerei und Medizin,
> Und leider auch Theologie
> Durchaus studiert, mit heißem Bemühn.
> Da steh' ich nun, ich armer Tor,
> Und bin so klug als wie zuvor!
>
> (Aus *Faust I*, V. 354–359)

Hier hören wir zwischen den betonten Silben manchmal eine und manchmal zwei unbetonte. Nur in den letzten beiden Zeilen fallen betonte und unbetonte in ein regelmäßig alternierendes Muster. Diesen akzentuierenden Vers, in dem der Stabreim durch Endreim ersetzt wurde, nennt man

Knittelvers (vielleicht nach ›Knüttel‹, was ›das unordentlich Geknüpfte‹ bedeutet; wahrscheinlicher aber als Lehnübersetzung von *versus rhopalicus*, ›Keulenvers‹). Er wird von Dichtern vor allem da eingesetzt, wo entweder derbe Volkstümlichkeit oder eine holzschnittartige Verfremdung der gewohnten Dichtersprache angestrebt wird.

DAS SILBENZÄHLENDE (oder isosyllabische) PRINZIP: Die einfachste Möglichkeit, aus Silben regelmäßige Verse zu bilden, ist die, bei der jedem Vers die gleiche Silbenzahl zugeteilt wird. Hier als Beispiel der Anfang eines Sonetts des Spaniers Góngora y Argote (1561–1627), das wir bereits in *Wie interpretiert man ein Gedicht?* zur Demonstration benutzt haben:

> Mientras por competir con tu cabello
> oro bruñido al Sol relumbra en vano,
> mientras con menosprecio en medio el llano
> mira tu blanca frente el lilio bello.

Wer des Spanischen unkundig ist, wird beim Lesen in der ersten Zeile elf, in der zweiten und dritten dreizehn und in der vierten zwölf Silben finden. Würde uns aber ein Spanier den Text langsam vorlesen, würden wir in jeder Zeile nur elf Silben hören; denn im Spanischen wird ein Vokal am Ende eines Wortes mit einem darauffolgenden Anfangsvokal zu einer einzigen Silbe zusammengezogen. Das Aufeinandertreffen zweier Vokale wurde schon in der Antike als Missklang empfunden. Man nannte es *Hiatus*, eine ›klaffende Öffnung‹, die durch Vokalverschmelzung (griech. Synalöphe) geschlossen wurde. Später wurde daraus der gänzliche Wegfall (Elision) eines der beiden Vokale. In unseren vier Zeilen entsteht so das im Spanischen und Italienischen weitverbreitete Schema des *endecasillabo* (Elfsilblers). Das gleiche Schema finden wir auch in französischen Gedichten. Nur sind es dort zehn Silben, außer wenn die Zeile mit der weiblichen Form eines Adjektivs oder Substantivs endet. Dann klingt eine unbetonte Silbe schwach nach.

Die silbenzählende Metrik setzt voraus, dass die Grenzen der Silben leicht zu erkennen sind. Das ist im Italienischen und Spanischen der Fall, wo die Zwischenräume zwischen den »Latten« meist volltönende Vokale sind. In den germanischen Sprachen, bei denen die erste Stammsilbe den Hauptton trägt, folgt auf diese oft eine Gruppe von schwachtonigen Silben, die schwer zu unterscheiden sind. Bei einem Wort wie ›Hochebene‹ hat der Hörer Mühe zu entscheiden, ob es drei- oder viersilbig ist. Aus diesem Grund wird man in den germanischen Sprachen ein anderes Verfahren der Silbenanordnung erwarten können.

DAS ALTERNIERENDE PRINZIP: Als das natürlichste metrische System erscheint unserm Ohr das des regelmäßigen Wechsels von betonten und unbetonten Silben. Es bildete sich im Mittelalter aus, als durch das Aufkommen des Endreims das Versende eindeutig markiert war, so dass man auf die komplizierten Messverfahren der quantitierenden Metrik und der akzentuierenden Stabreimdichtung verzichten konnte. Durch das gleichmäßige Auf und Ab von Hebung und Senkung wurde die dichterische Sprache sehr geschmeidig, geriet allerdings auch in Gefahr, in ein monotones Leiern zu verfallen. Die Grundform war die Abfolge von Hebung und Senkung, was dem antiken Trochäus entsprach. Fügte man jedoch einen unbetonten Auftakt hinzu, so wurde daraus ein Jambus. Dies waren die beiden Standardversmaße, die bis ins 17. Jahrhundert hinein verwendet wurden. Erst im Barock führten Dichter wie Johann Klaj (1616–56) und Georg Philipp Harsdörffer (1607–58) auch den Daktylus und Anapäst ein, was August Buchner (1591–1661) in seiner *Anleitung zur deutschen Poeterey* (1663 erschienen, aber schon lange vorher bekannt) ausdrücklich befürwortete. Damit wären wir beim fünften der eingangs aufgeführten metrischen Prinzipien.

DAS REPETIERENDE (oder isopodische) PRINZIP: Seit dem Barock sind in der deutschen Lyrik die vier klassischen Versfüße Jambus, Trochäus, Daktylus und Anapäst in Gebrauch. Doch anders als in der Antike wurden sie ausschließlich durch Hebung und Senkung definiert, so dass ein Ersetzen von zwei Kürzen durch eine Länge entfiel. Das bedeutet, dass es nur noch das Prinzip der Wiederholung des gewählten Versfußes gab, wobei allerdings für bestimmte Zwecke unterschiedliche Versfüße kombiniert werden konnten. Bei ungemischter Verwendung der vier Versmaße ergeben sich die folgenden vier Grundtypen:

Typ 1

> Im Námen déssen, dér Sich sélbst erschúf!
> Von Éwigkéit in scháffendém Berúf;
> In Séinem Námen, dér den Gláuben scháfft,
> Vertráuen, Líebe, Tátigkéit und Kráft;
> In Jénes Námen, dér, so óft genánnt,
> Dem Wésen nách blieb ímmer únbekánnt.
>
> (Aus: Goethe, »Prooemion«)

Dies ist ein *steigender Zweisilber* (Jambus), bei dem die Verse mit einer unbetonten Silbe beginnen und sich mit gleichmäßigem Wechsel von betonten und unbetonten Silben fortsetzen.

Typ 2

> Éwigklár und spíegelréin und ében
> Flíeßt das zéphirléichte Lében
> Ím Olýmp den Séligén dahín.
> Mónde wéchseln únd Geschléchter flíehen,
> Íhrer Götterjúgend Rósen blühen
> Wándellós im éwigen Ruín.
>
> (Aus: Schiller, »Das Ideal und das Leben«)

Hier haben wir es mit einem *fallenden Zweisilber* (Trochäus) zu tun, da der Vers mit einer betonten Silbe beginnt, auf die abwechselnd eine unbetonte und eine betonte folgen. Allerdings wird unser Ohr an diesem akustischen Lattenzaun zwei zusätzliche Einschnitte wahrnehmen. Die dritte und die sechste Zeile enden nicht wie die übrigen mit einer unbetonten (*weiblicher Reim*), sondern mit einer betonten Silbe (*männlicher Reim*). Das hat einen plausiblen Grund. Die jeweils vorausgehenden zwei Zeilen sind paarweise gereimt, so dass unser Ohr am Reim das Zeilenende erkennt. Der Reim, der zur dritten Zeile gehört, folgt aber erst in der sechsten. Damit wir trotzdem das Zeilenende als solches empfinden, hat der Dichter einen akustischen Pfosten eingerammt, indem er die erwartete unbetonte Silbe ausließ.

Typ 3

>Mítten im Schímmer der spíegelnden Wéllen
>Gléitet wie Schwäne der wánkende Káhn;
>Ách, auf der Fréude sanftschímmernden Wéllen
>Gléitet die Séele dahín wie der Káhn;
>Dénn von dem Hímmel heráb auf die Wéllen
>Tánzet das Ábendrot ránd um den Káhn.

(Aus: Friedrich Leopold Graf zu Stolberg, »Lied auf dem Wasser zu singen«)

Auch diese Verse beginnen mit einer betonten Silbe. Doch es folgen jeweils zwei unbetonte, so dass sich ein *fallender Dreisilber* (Daktylus) ergibt. Allerdings sind die letzten Takte jeder Zeile um eine oder zwei unbetonte Silben verkürzt. Auch hierfür gibt es eine Erklärung. Da das Zeilenende erkennbar sein muss, wird es durch ein Reimwort markiert. Die Reimsilbe ist aber immer eine betonte. Ihr kann eine unbetonte folgen, was einen weiblichen Reim ergibt. Doch wenn dann noch eine zweite unbetonte folgt, ist der Reim entweder schwer zu erkennen, oder er muss so deutlich herausgehoben werden, dass der Leser oder Hörer ihn als übertrieben und daher eher komisch empfindet. Auch bei unserm Beispiel wird man das Gefühl haben, dass der Text überformalisiert ist, schon deshalb, weil statt neuer Reime dreimal die Wörter Wellen und Kahn wiederholt werden.

Typ 4
>So ein Kríeg ist ein Graús,
>Gott sei Dánk, daß er aús,
>Daß gesúnd ich den Héimweg noch fánd,
>Nicht ein Híeb schreckte mích,
>Nicht ein Schúß, nicht ein Stích,
>Nur mein Téint ist ein bísserl verbránnt.

Hier liegt ein *steigender Dreisilber* (Anapäst) vor, bei dem auf je zwei unbetonte eine betonte Silbe folgt. Durchgängige steigende Dreiertakte in der Dichtung sind selten, weil sie zu einer strengen Formalisierung tendieren und in gesprochener Form als überformalisiert und ratternd empfunden werden. Aus eben diesem Grunde eignen sie sich besonders gut für humoristische Zwecke. Unser Textbeispiel stammt aus dem *Zigeunerbaron* von Johann Strauß, dessen Libretto der nahezu vergessene Ignaz Schnitzer schrieb.

Im Barock unterschied man noch einen fünften Typ, der in der griechischen Metrik *Amphibrachys* (= beidseitig kurz) hieß. Hier ein Beispiel:

>Der Sómmer kein Kúmmer- noch Tráuernis léidet,
>der Schläfer, der Scháfer, der pféifet und wéidet,
>der Báuer, der Láuer\*, der érntet und schnéidet.
>
>(Aus: Johann Klaj, »Vorzug des Sommers«).

Die Griechen gaben dem Versmaß seinen Namen, weil darin jede Länge beidseitig von zwei Kürzen flankiert wird. Für unser Ohr klingen diese Verse aber wie Daktylen (Typ 3) mit Auftakt. Das hängt damit zusammen, dass unser metrisches Empfinden grundsätzlich die Hebungen

---

\* Schelm.

als Einschnitte in die Verszeile wahrnimmt, wobei die Hebung entweder als Anfang oder Abschluss einer Einheit wahrgenommen wird. Einen Einschnitt zwischen zwei unbetonten Silben können wir nur verstandesmäßig feststellen, gefühlsmäßig würden wir ihn allenfalls dann wahrnehmen, wenn wir den Text als eine Folge synkopierter Takte singen. Wir müssen deshalb hier festhalten, dass der Amphibrachys in der deutschen Lyrik ein rein theoretisches Konstrukt geblieben ist.

## Zwei metrische Grundgewebe

Jedem der vier (bzw. fünf) Metren wird oft ein eigener Grundcharakter zugeschrieben. In der Tat lassen sich vier Bewegungstypen unterscheiden, doch sind sie nicht unbedingt an die entsprechenden Metren gebunden. Der Eindruck des Steigens oder Fallens ist nicht notwendig durch den Jambus und Anapäst bzw. den Trochäus und Daktylus bedingt; denn man kann jeden Jambus auch als einen Trochäus mit Auftakt auffassen. Das gleiche gilt für den Anapäst. Ob der Leser eine steigende oder fallende Bewegung empfindet, hängt weniger vom Metrum als vom Sinn der Wörter und von der Versmelodie ab. So wird zwar im allgemeinen ein Dichter für eine schnelle, vorwärtsdrängende Sprechbewegung den Jambus und für eine langsame und besinnliche den Trochäus wählen, doch es gibt genügend Beispiele für das Gegenteil. Die folgende trochäische Anfangsstrophe von Joseph von Eichendorffs Gedicht »Frische Fahrt« hat einen Grundcharakter, den man gewöhnlich dem Jambus zuschreibt.

> Láue Lúft kommt bláu geflóssen,
> Frühling, Frühling sóll es séin!
> Wáldwärts Hörnerkláng geschóssen,
> Mútger Áugen líchter Schein;

> Únd das Wírren búnt und búnter
> Wírd ein mágisch wílder Flúß,
> Ín die schőne Wélt hinúnter
> Lóckt dich díeses Strómes Grúß.

Nun zum Vergleich eine jambische Strophe, der das Vorwärtsdrängende gänzlich fehlt. Es ist der Anfang des Gedichts »Nachts« vom gleichen Dichter.

> Ich wándre dúrch die stílle Nácht,
> Da schléicht der Mónd so héimlich sácht
> Oft áus der dúnklen Wólkenhűlle.
> Und hín und hér im Tál
> Erwácht die Náchtigáll,
> Dann wíeder álles gráu und stílle.

Die Beispiele zeigen, dass es wenig Sinn hat, den beiden Metren feste, womöglich gegensätzliche Charaktere zuzuschreiben. Ein klarer Unterschied besteht bei metrisch regelmäßig gebauten Versen nur zwischen den gradtaktigen und ungradtaktigen Metren, also zwischen Jamben und Trochäen einerseits und Daktylen und Anapästen andererseits. Die ungradtaktigen haben wegen der zwei Senkungen zwischen den Hebungen eine eher hüpfende und tanzende Bewegung, während die gradtaktigen gehen, schreiten oder rennen. Mit gewissem Recht könnte man deshalb sagen, dass es nur zwei unterschiedliche metrische Grundgewebe gibt, das gradtaktige und das ungradtaktige. Alle anderen Unterschiede im Bewegungseindruck von Versen rühren nicht vom Metrum, sondern vom Rhythmus her.

Es sei noch angemerkt, dass die gradtaktigen Metren der Antike im isopodischen System zu ungradtaktigen und die ungradtaktigen zu gradtaktigen werden, da nun nicht mehr zwischen Kürzen und Längen unterschieden wird. So erklärt sich, dass der von uns als hüpfend oder tanzend empfundene Anapäst von den Griechen für Marschlieder benutzt wurde, während wir dafür sicher einen Zweisilber verwenden würden.

## Rhythmus

Wenn der Vergleich mit dem Knüpfteppich zutrifft, dann ist ein Gedicht um so besser, je weniger das metrische Grundgewebe durchscheint. In maschinell gefertigten Webteppichen sehen wir das monotone Gleichmaß von Kette und Schuss, während wir bei edleren Teppichen nur die ausdrucksvollen Ornamente wahrnehmen. Das gilt auch für gute Gedichte. Den fünfhebigen Jambus eines Kunsthandwerkers erkennt man meist daran, dass er exakt fünf Hebungen hat, während der Vers eines wirklichen Dichters selten mehr als zwei oder drei Tongipfel aufweist. Der Rest des Verses verstößt zwar nicht gegen das metrische Schema, doch bewegt er sich so frei darin, dass gelegentliche Reibungen am strengen Korsett nicht als Störung, sondern als reizvolle Spannung empfunden werden. Diese freie Bewegung, die das Metrum vergessen lässt, nennt man Rhythmus. Er beweist seine Freiheit auch darin, dass er über die Verszeile hinausgeht und oft dem ganzen Gedicht, mindestens aber der Strophe eine zusammenhängende, in sich gegliederte Bewegung gibt.

Wolfgang Kayser hat in seiner *Kleinen Versschule* vier Typen unterschieden: den fließenden, den bauenden, den gestauten und den strömenden Rhythmus. Diese Unterscheidung ist aber wenig hilfreich; denn jede rhythmische Bewegung muss fließen, und sie muss zugleich immer wieder gestaut werden, sonst wird sie vom Hörer als langweilig empfunden. Aus dem Wechsel von Fließen und Stauen entsteht notwendigerweise der »Bau« einer rhythmischen Struktur. Deshalb kann man den Rhythmus, anders als das Metrum, nicht klassifizieren, sondern nur mit Begriffen wie schnell oder langsam, weich oder hart, feierlich getragen oder emphatisch drängend, schreitend oder tanzend, kurzschrittig oder langschrittig beschreiben.

Wie geringfügige formale Unterschiede den Gesamteindruck von Grund auf verändern können, zeigen die folgenden beiden Beispiele. Das erste ist ein titelloses Gedicht des heute vergessenen Dichters Julius Havemann (1866–1932).

> Die Wälder lagen tief und groß
> und schweigend uns zu Füßen.
> Vereinsamt schien aus ihrem Schoß
> ein kleines Licht, ein Menschenlos,
> uns Einsame zu grüßen.
>
> Die Abendnebel stiegen sacht
> aus bachdurchbrauster Rille.
> So schritten aus der Sonnenpracht
> entgegen wir der herben Nacht
> durch diese Dämmerstille.
>
> Die Kühle strich die Wälder weit
> und, einem Nebelriesen
> vergleichbar, schritt die Einsamkeit
> in ihrem bleichen Nonnenkleid
> voraus uns durch die Wiesen.

Wer dieses Gedicht laut liest, wird unwillkürlich in ein immer schneller werdendes Leiern verfallen. Der Grund dafür ist, dass in den Sprachfluss kaum irgendwelche Stauungen eingebaut sind. Das monotone Auf und Ab des Jambus wird nur in der zweiten und letzten Zeile jeder Strophe durch einen weiblichen Reim unterbrochen, der dafür sorgt, dass die Senkung am Ende der Zeile in eine Senkung am Anfang der folgenden übergeht, so dass das monotone Leiern nicht gestaut, sondern weich über eine kleine Schwelle geführt wird. Solche leiernden Verse kennen wir aus Scherzgedichten wie diesem:

> Der Herr, der schickt den Jockel aus
> er soll den Hafer schneiden.
> Der Jockel schneid't den Hafer nicht
> und kommt auch nicht nach Haus.

## Die Ebene von Silbe und Versfuß

Wer solche Kinderverse kennt, wird an ihren Rhythmus erinnert werden, wenn er das obige Gedicht liest. Havemann hat sich größte Mühe gegeben, um seinem Gedicht, für das ganz offensichtlich Eichendorff Pate gestanden hat, poetische Qualität zu geben. Er hat es mit sonoren Vokalen angereichert und mit poetischen Bildern ausstaffiert, wie man sie aus der romantischen Tradition zur Genüge kennt. Aber der Sprachfluss ist so geglättet, dass er wie Badewasser ohne Welle durch den Abfluss rauscht.
Nun zum Vergleich ein Gedicht von Eichendorff selbst; es ist ebenfalls titellos.

> Wenn die Bergesbäche schäumen
> Und der Mond noch schweigend wacht,
> Zwischen Felsen rings und Bäumen
> Wie ein Feenland von Träumen
> Ruht die wunderbare Nacht.
>
> Da wird bei der Wipfel Wehen
> Recht das Herz dem Jäger weit,
> Talwärts von den stillen Höhen
> Läßt er Hörnerklang ergehen
> Durch die schöne Einsamkeit.
>
> Und er weckt die Götter alle,
> Von dem Berg Aurora lacht,
> Venus folgt dem mut'gen Schalle,
> Doch Diana, sie vor allem
> Stürzt hervor aus Waldespracht.
>
> Aus der Büchse sprühen Funken!
> Immer höher schwillt die Brust!
> Wild und Jäger todestrunken
> In die grüne Nacht versunken –
> O du schöne Jägerlust!

Wir haben mit Absicht keines von Eichendorffs berühmten Gedichten gewählt, die in allen Anthologien vertreten sind. Dieses hier zählt zweifellos nicht zu seinen besten. Die Bilder und Motive wirken wie aus dem Eichendorffschen Baukasten gegriffen; und die Schlusszeile hat für den heutigen Leser fast etwas Lächerliches. Trotzdem ist das Gedicht viel kunstvoller rhythmisiert als das von Havemann. Dabei besteht der Kunstgriff hauptsächlich darin, dass da, wo Havemann weibliche Versausgänge hat, männliche verwendet werden und umgekehrt. Dieses einfache Mittel bewirkt, dass die zweite und fünfte Zeile jeder Strophe durch einen männlichen Versschluss beendet wird, während die dazwischen liegenden Zeilen durch die weiblichen Reime den weichen Versfluss betonen. Möglich wurde das durch die Wahl des Trochäus als Grundmetrum. Dadurch stößt der männliche, also betonte Versschluss immer auf die betonte Anfangssilbe der nächsten Zeile und staut den Sprachfluss, so dass ein erneuter Aufschwung der rhythmischen Kurve erforderlich wird, was dem Gedicht innere Spannung und Lebendigkeit gibt. Hier haben wir es nicht mit abfließendem Badewasser zu tun, sondern mit einem munter von Stufe zu Stufe fallenden Bergbach. Im übrigen hat das Gedicht trotz seines konfektionierten Bildinventars auch inhaltlich mehr Spannung als das von Havemann; denn Eichendorff setzt der träumerischen Naturidylle die harte Realität des Tötens entgegen.

Zur Gestaltung des Rhythmus steht dem Dichter nur ein kleines Repertoire von Kunstgriffen zur Verfügung: er kann den Takt wechseln und er kann durch die Wahl des Versschlusses bewirken, dass der Sprachfluss sich entweder am Zeilenende staut oder bruchlos darüber hinweggeht. Mit diesen einfachen Mitteln lassen sich jedoch große Wirkungen erzielen. Des ersten Mittels bedient sich Goethe in zwei Gedichten, die er als gegensätzliche Hälften einer Einheit konzipiert hat.

### Meeresstille

Tiefe Stille herrscht im Wasser,
Ohne Regung ruht das Meer,
Und bekümmert sieht der Schiffer
Glatte Fläche rings umher.
Keine Luft von keiner Seite!
Todesstille fürchterlich!
In der ungeheuren Weite
Reget keine Welle sich.

### Glückliche Fahrt

Die Nebel zerreißen,
Der Himmel ist helle,
Und Äolus löset
Das ängstliche Band.
Es säuseln die Winde,
Es rührt sich der Schiffer.
Geschwinde! Geschwinde!
Es teilt sich die Welle,
Es naht sich die Ferne;
Schon seh ich das Land!

Goethes ganzes Weltbild beruhte auf der Polarität von Kontraktion und Expansion, von Ausatmen und Einatmen. Diese gegensätzlichen Pole hat er hier durch das einfache Mittel des Wechsels vom Trochäus zum Daktylus zum Ausdruck gebracht: den angstvollen Zustand nach vollständiger Ausatmung und den frisch belebten nach erneutem Atemholen. Indem er die Zustände in objektive Bilder übersetzt, macht er diese zum symbolischen Ausdruck eines universalen Prinzips.

Das nächste Beispiel von Hugo von Hofmannsthal zeigt, wie sich bei gleichbleibendem Metrum durch den bloßen Wechsel des Versschlusses der Rhythmus in sein Gegenteil verkehren lässt.

## Reiselied

Wasser stürzt, uns zu verschlingen,
Rollt der Fels, uns zu erschlagen,
Kommen schon auf starken Schwingen
Vögel her, uns fortzutragen.

Aber unten liegt ein Land,
Früchte spiegelnd ohne Ende
In den alterslosen Seen.
Marmorstirn und Brunnenrand
Steigt aus blumigem Gelände,
Und die leichten Winde wehn.

Während die ersten drei Zeilen ungestaut wie ein Sturzbach abwärts rauschen, wird die rhythmische Bewegung im zweiten Teil durch einen einfachen Kunstgriff umgepolt. Gleich in der ersten Zeile staut der männliche Versausgang die Bewegung. In der zweiten Zeile geht sie über das Versende hinaus und wird am Ende der dritten erneut aufgefangen. Das wiederholt sich in den letzten drei Zeilen. Damit erreicht Hofmannsthal eine ähnliche Wirkung wie Goethe, und auch ihm gelingt es, das Bild zum Symbol eines universalen Gegensatzes zu intensivieren: des Gegensatzes zwischen der rohen, sich unmittelbar verausgabenden Natur und der durch Stauung der Lebenskraft überhaupt erst möglich werdenden Kultur.

Der Rhythmus ist der eigentliche Lebensnerv eines Gedichts. Kunstvoll abgestufte Klangfarben können der Oberfläche des Sprachteppichs Ausdruck verleihen, aber erst der Rhythmus erweckt die dichterische Sprache zum Leben.

## Die Ebene des Verses

### Versanfang: Freiheit des ersten Taktes

Bei der Betrachtung der verschiedenen Metren wurde bereits gesagt, dass man theoretisch jeden jambischen Vers als einen trochäischen mit Auftakt lesen kann. Ob man im konkreten Fall die erste unbetonte Silbe als die Senkung eines steigenden Jambus oder als den Auftakt eines fallenden Trochäus empfindet, hängt davon ab, ob die nachfolgende Zeile eher steigenden oder eher fallenden Charakter hat. Die folgenden beiden Strophen von Eichendorff sind metrisch identisch. Dennoch werden wir die erste eher als steigend, die zweite eher als fallend empfinden.

> Es war, als hätt der Himmel
> Die Erde still geküßt,
> Daß sie im Blütenschimmer
> Nun von ihm träumen müßt.
>
> (Aus »Mondnacht«)
>
> In einem kühlen Grunde
> Da geht ein Mühlenrad,
> Mein' Liebste ist verschwunden,
> Die dort gewohnet hat.
>
> (Aus »Das zerbrochene Ringlein«)

Im ersten Beispiel wird der Eindruck des Steigens dadurch hervorgerufen, dass in jeder Zeile die Melodie zu immer helleren Vokalen hin ansteigt, während im zweiten Beispiel das Absinken der Vokalfolge zu u und a hin eher den Eindruck des Fallens vermittelt. Hier werden wir deshalb die erste unbetonte Silbe als Auftakt eines Trochäus empfinden, obgleich es sich technisch gesehen um den gleichen Jambus wie im ersten Beispiel handelt. Im übrigen zeigt dieser Fall, dass die Unterscheidung zwischen den beiden Versmaßen wenig Aussagekraft hat. Beide geben einem Text das allgemeine Grundgewebe eines gleichmäßig alternierenden geraden Taktes, das erst durch Melodie und Rhythmus individuellen Charakter annimmt.

## Versende: Kadenz und Enjambement

Das Versende wirft zwei Probleme auf. Zum einen muss es als solches markiert werden, damit der Hörer die Abfolge der Verse wahrnimmt. Zum anderen muss es den Übergang zum nächsten Vers vorbereiten. Die vertrauteste Form der Markierung ist der Reim. Da aber der Hörer beim ersten Wort eines Reimpaars noch nicht wissen kann, dass ein Reimwort folgt, muss das Versende auch auf andere Weise erkennbar sein. Bei metrisch regelmäßig gebauten Versen wird dies durch das Metrum bewirkt. Gleichgültig ob es sich um eine silbenzählende, alternierende, akzentuierende, repetierende oder quantitierende Metrik handelt, sobald wir das Schema erkannt haben, können wir das Ende des Verses an der Erfüllung des Schemas ablesen. Beim Reim sowie bei der silbenzählenden und alternierenden Metrik gibt es für den Versschluss keine Variationsmöglichkeit. Anders dagegen bei der akzentuierenden und quantitierenden Metrik. Bei ersterer ist der Vers in gleichlange Takte gegliedert, die auf unterschiedliche Weise gefüllt werden können. Das gilt auch für den letzten Takt. So folgt beispielsweise die Ältere Germanistik der Verslehre von Andreas Heusler und geht davon aus, dass die germanische Langzeile aus einer An- und Abzeile besteht, denen beiden ein Schema von vier Takten zugrunde liegt. Dieses Schema wird auch im Nibelungenlied angenommen, obwohl der moderne Hörer dort nur drei Takte hört. Das abstrakte Schema sieht so aus:

$$x / \acute{x}x / \acute{x}x / \acute{x}x / \acute{x}x // \acute{x}x / \acute{x}x / \acute{x}x / \acute{x}x$$

## Die Ebene des Verses

Die erste Zeile des *Nibelungenlieds* lautet so:

    Uns ist in alten mæren wunders vil geseit ...

Nach dem Viererschema ist die Zeile so zu lesen:

Uns / íst in / álten / mǽ / rèn // wúnders / víl ge / seít / – – /

Das bedeutet, dass einige Takte nur mit einer einzigen langen Silbe gefüllt sind und am Schluss ein Takt leer bleibt. Für die Ausführung der letzten beiden Takte gibt es nach diesem Schema die folgenden Möglichkeiten, die nach antikem Vorbild als *Kadenzen* bezeichnet werden:

| | |
|---|---|
| / x́ x / x́ x / | weiblich volle Kadenz |
| / x́ x / x́ – / | männlich volle Kadenz |
| / X / x́ – / | klingende Kadenz |
| | (X = lange, taktfüllende Silbe) |
| / x́ (x) / – – / | stumpfe Kadenz |

Ob dieses strenge Schema der tatsächlichen Praxis der mittelhochdeutschen Dichter gerecht wird, ist allerdings fraglich. Für spätere Dichter trifft es sicher nicht zu. Würde man es z. B. auf Eichendorffs Gedichte anwenden, ergäbe sich das folgende Betonungsmuster, das niemand ernsthaft für richtig halten wird:

Es / wár als / hátt der / Hím / -mèl // die / Ér-de / still ge / küßt /–

Tatsächlich handelt es sich hier um dreihebige Verse mit abwechselnd weiblichen und männlichen Ausgängen, was eine der vier Standartvarianten der Volksliedstrophe darstellt.
Zum Glück braucht man sich bei neuerer Lyrik seit der Renaissance über das Heuslersche Taktprinzip nicht mehr den Kopf zu zerbrechen, da sich hier keine Zeittakte, sondern Versfüße wiederholen. Folglich braucht man auch nicht auf Kadenzen zu achten. Hier ist das Hauptproblem des Versschlusses der Übergang zur nächsten Zeile.

Während die letzte Zeile eines pointierten Reimpaars, einer Strophe oder eines Gedichts einen markanten Abschluss haben muss, kommt es bei den Versen innerhalb einer Strophe darauf an, dass ein Gedanke oder ein Bild auch über das Versende hinaus fortgeführt werden kann. Das wird durch den als _Enjambement_ bezeichneten Zeilensprung ermöglicht. Man versteht darunter jeden Übergang zwischen zwei Versen, bei dem der Satz ohne hörbaren Einschnitt über das Versende hinausgeht. Das Enjambement bedeutet eine Befreiung der Syntax aus dem Korsett des metrischen Schemas. Deshalb ist die Zahl der Enjambements in einem Text meist ein verlässliches Indiz dafür, ob es sich um einen jüngeren oder älteren Text handelt. Zum Beispiel haben bei Shakespeare die späten Stücke mehr Enjambements als die frühen. Ein Meister im Gebrauch des Zeilensprungs ist Rilke, wenngleich er ihn nicht selten so sehr übertreibt, dass es zuweilen wie unfreiwillige Selbstparodie klingt. Sein Gedicht »Liebes-Lied« beginnt so:

> Wie soll ich meine Seele halten, daß
> sie nicht an deine rührt? Wie soll ich sie
> hinheben über dich zu andern Dingen?
> Ach gerne möcht ich sie bei irgendwas
> Verlorenem im Dunkel unterbringen
> an einer fremden stillen Stelle, die
> nicht weiterschwingt, wenn deine Tiefen schwingen.

Bei Gedichten, in denen das Versende und der Satzeinschnitt zusammenfallen, spricht man von _Zeilenstil_, während sich für solche, die sich durchgängig des Enjambements bedienen, die Bezeichnung _Haken_- oder _Bogenstil_ eingebürgert hat.

## Versgliederung: Zäsur und Diärese

Liebhaber des Dressurreitens wissen, dass ein Pferd am straffen Zügel oftmals schöner geht, als wenn man ihm freien Lauf lässt. Auch Verse entfalten mehr poetische Schönheit, wenn sie gezügelt werden. Ein ungezügelter Fünfheber trabt mit klappernden Hufen dahin, was bei komischen Gedichten durchaus wirkungsvoll sein kann, aber der ernsthaften Wirkung abträglich ist. Aus diesem Grund hat man Verse mit mehr als vier Hebungen schon früh durch Einschnitte unterbrochen. Aus der antiken Poetik gibt es zwei Bezeichnungen für diese Unterbrechung. *Zäsur* nennt man es, wenn der Einschnitt wegen des Wortendes mitten durch einen Versfuß geht; von *Diärese* spricht man, wenn Wort- und Versfußende beim Einschnitt zusammenfallen.
Der französische *vers commun* – ein jambischer Fünfheber, der im 12. und 13. Jahrhundert in Frankreich neben dem Alexandriner der beliebteste Vers der höfischen Dichtung war – verlangte eine Zäsur nach der zweiten Hebung. Da dieser regelmäßig erfolgende Einschnitt vom Hörer jederzeit vorausgesehen wurde, war er mit einer gewissen Monotonie verbunden. Auch der sechshebige Alexandriner, der den *vers commun* im 17. Jahrhundert verdrängte, hatte eine feste Zäsur, die den Vers in zwei Hälften teilte. Das gleiche gilt für den antiken Pentameter. Wirkungsvoller als feste Zäsuren sind solche, die je nach Sinnzusammenhang gesetzt werden können. Sie machen den Vers abwechslungsreich und gestatten es dem Dichter, innerhalb der Verszeile rhetorische Akzente zu setzen. An Shakespeares Blankversen, sofern man sie im englischen Original liest, kann man sehen, mit welcher Kunst dort der ungereimte fünfhebige Jambus so durch Zäsuren gegliedert wird, dass nie der Eindruck des monotonen Klapperns entsteht.
Wie sehr die Position der Zäsur den Charakter eines Verses verändern kann, wird deutlich, wenn man einen Alexandriner mit einem anderen sechshebigen Jambus vergleicht.

Hier zunächst vier Alexandriner aus Andreas Gryphius'
Sonett »Menschliches Elend«:

> Was sind wir Menschen doch? Ein Wohnhaus grimmer
>                                              Schmerzen,
> ein Ball des falschen Glücks, ein Irrlicht dieser Zeit,
> ein Schauplatz herber Angst, besetzt mit scharfem
>                                              Leid,
> ein bald verschmelzter Schnee und abgebrannte
>                                              Kerzen.

Das gleiche Metrum, doch mit ganz anderem Rhythmus, liegt den folgenden Zeilen aus Eduard Mörikes Gedicht »Auf eine Lampe« zugrunde:

> Noch unverrückt, o schöne Lampe, schmückest du,
> An leichten Ketten zierlich aufgehangen hier,
> Die Decke des nun fast vergessnen Lustgemachs.
> Auf deiner weißen Marmorschale, deren Rand
> Der Efeukranz von goldengrünem Erz umflicht,
> Schlingt fröhlich eine Kinderschar den Ringelreihn.

Hier ist der Dichter nicht gezwungen, seinen Satzbau auf eine feste Zäsur auszurichten. Vielmehr kann er die Sätze dem natürlichen Sprechrhythmus folgen lassen, so dass die Zäsuren nur durch die Satzeinschnitte bestimmt werden. Erst durch die kunstvolle Plazierung der Zäsuren erhält ein metrisch regelmäßiger Vers lebendigen Rhythmus und damit poetischen Atem. Deshalb sollte man bei einem Gedicht, sobald man sein Metrum festgestellt hat, nach den Sprechpausen suchen. Auch hierzu gibt es eine komplizierte Theorie, die als rhythmische Grundeinheit das *Kolon* (griech. ›Glied‹) annimmt. Klopstock prägte dafür den Begriff *Wortfuß*. Da sich aber selbst die vollendetsten Gedichte meist auf mehrere Weisen lesen lassen, ist bei der Bestimmung der Kola der subjektiven Willkür Tür und Tor geöffnet. Betonungen, Klangfarben und Tonhöhen sind objektiv nachweisbar, doch das Plazieren der Atempausen in einem Gedicht lässt viele Möglichkeiten offen, von denen nur in seltenen Fällen die eine oder andere aus objektiven Gründen vorzuziehen ist.

## Versbindung durch den Reim

Verssprache ist gebundene Sprache. Das Bindemittel, das die Wörter an ihrem Platz in der Kristallstruktur des Gedichts hält, ist innerhalb der Zeile das Metrum. Wenn aber die Zeile – wie in der germanischen Dichtung – in zwei Halbzeilen zerfällt, müssen auch diese miteinander verbunden werden. Desgleichen bedürfen ganze Verszeilen einer zusätzlichen Bindung, wenn sie als Bausteine eines Gedichts und nicht als bloß aneinander gereihtes Baumaterial wirken sollen. Das gebräuchlichste Bindemittel dafür ist der Reim.

Die Wirkung des Reims beruht auf der regelmäßigen Wiederholung gleicher Laute. Dabei lässt sich hier das Fundamentalprinzip der poetischen Formalisierung, nämlich das Zusammenspiel von Wiederholung und Variation, besonders gut beobachten. Die identische Wiederholung eines Elements in einer ästhetischen Struktur – ganz gleich welcher Art – würde sehr bald als monoton und langweilig empfunden. Da aber auf Wiederholung nicht verzichtet werden kann, weil sonst keine erkennbare Ordnung entsteht, bleibt als Ausweg nur die Vermeidung von Monotonie durch Variation. Wir sagten, dass der kleinste Baustein des Verses die Silbe ist. Folglich geht es darum, Silben in variierter Form zu wiederholen. Das ist auf dreierlei Weise möglich, indem man die Silbe entweder unter Festhalten des Anfangskonsonanten, des Vokals oder des mit dem Vokal beginnenden Restes variiert. Das erste nennt man *Stabreim*, das zweite *Assonanz*, das dritte *Silbenreim* oder wegen der üblichen Stellung am Versende *Endreim*.

## Stabreim (Alliteration)

Wenn es bei Richard Wagner heißt:

> **W**interstürme **w**ichen
> dem **W**onnemond

dann werden diese beiden Zeilen durch die Wiederholung des Buchstaben W gebunden, weshalb man von *Stabreim* oder *Alliteration* spricht. In der altgermanischen Langzeile war dies das Mittel, mit dem die beiden Halbzeilen aneinander gebunden wurden. Der Stabreim ist auch von späteren Dichtern immer wieder eingesetzt worden. Durch Shakespeares Sonette ziehen sich über viele Zeilen hinweg kunstvolle Alliterationsmuster, wodurch diese Texte eine der inhaltlichen Konzentration entsprechende formale Dichte erhalten. Wenn allerdings der Stabreim so direkt eingesetzt wird wie in der altgermanischen Dichtung, wirkt er meist etwas kunstgewerblich und riecht in der deutschen Literatur nach Deutschtümelei. Richard Wagners alliterierende Verse dürften, abgelöst von der Musik, für die meisten Leser ungenießbar sein.

## Assonanz

Die zweite Möglichkeit der variierten Silbenwiederholung ist die *Assonanz*. Hier wird nur der Vokal beibehalten, während der Rest der Silbe ausgetauscht wird wie in dem folgenden Beispiel:

> Phöbus, in der Sonnendroschke,
> Peitschte seine Flammenrosse,
> Und er hatte schon zur Hälfte
> Seine Himmelsfahrt vollendet –
>
> (Aus: Heinrich Heine, *Atta Troll*)

Heine hat dieses Mittel nach dem Vorbild der spanischen Romanzen ausgiebig benutzt. Dabei beschränkte er sich nicht auf die traditionelle Form der Vokalassonanz, sondern verwandte auch Konsonanten zum gleichen Zweck, wie das folgende Beispiel aus dem gleichen Gedicht zeigt:

> In dem schwarzen Felsenkessel
> Ruht der See, das tiefe Wasser.
> Melancholisch bleiche Sterne
> Schaun vom Himmel. Nacht und Stille.

## Silbenreim

Die mit großem Abstand meistgebrauchte Form der reimenden Versbindung ist die, bei der das Reimwort vom letzten betonten Vokal an beibehalten und nur der vorausgehende Konsonant bzw. die vorausgehende Konsonantengruppe variiert wird. Dadurch sind drei verschiedene Reimtypen möglich:

| | | |
|---|---|---|
| einsilbige | = männlich | Mut – Glut |
| zweisilbige | = weiblich | Sonne – Wonne |
| dreisilbige | = gleitend | sterbliche – verderbliche |

Wenn ein zweisilbiger, also weiblicher Reim zwei Wörter umfasst wie in

> so heißt es – du weißt es,

spricht man von *gespaltenem Reim*.

Reime, die vom Vokal an phonetisch identisch sind, nennt man *rein*. Nicht selten gibt es aber kleine Unterschiede, die z. T. dialektal begründet sind, z. B. ›grün – ziehn‹. Hier spricht man von *unreinen Reimen*. Goethes Herkunft aus Frankfurt erklärt den folgenden Reim in *Faust I*:

> Ach neige,
> Du Schmerzensreiche ...

Wenn die Variation des Anfangskonsonanten unterbleibt und die ganze Silbe wiederholt wird, spricht man von *rührendem Reim*. Er gilt in der deutschen Verskunst als Kunstfehler, während er im Französischen als *rime riche* lange Zeit ein zulässiges und sogar besonders geschätztes Kunstmittel war. Der Grund für die unterschiedliche Bewertung dürfte darin liegen, dass das Französische die Wörter immer auf der letzten Silbe betont, so dass die Aufmerksamkeit des Hörers stärker auf den Schlussteil der Reimsilbe als auf ihre Anfangskonsonanten gerichtet ist. Neben den drei bisher genannten Reimformen gibt es noch die Möglichkeit des *Mehrfachreims*, bei dem zwei oder drei betonte Silben einen Reimpartner haben. Allerdings wirkt dieses Kunstmittel meist übertrieben und wird deshalb vor allem zu komischem Zweck eingesetzt wie in dem folgenden Beispiel:

> Auf den Rabenklippen
> bleichen Knabenrippen
> und der Mond verkriecht sich düster im
>                               Gewölk,
> rings im Kringel schnattern
> schwarze Ringelnattern
> und der Uhu naht sich mit Gebölk.
>
> Mit den Tatzen kratzen
> bleiche Katzenfratzen
> an dem Leichenstein der Modergruft.
>
> (Aus: Heinrich Seidel, »Erschütternde
> Schüttel-Knüttel-Reimballade«)

Diese Reime kommen der beliebtesten Form des Mehrfachreims, dem *Schüttelreim*, nahe. Man versteht darunter einen Doppelreim, bei dem die beiden betonten Silben die Anfangsbuchstaben tauschen, z. B. so:

> Es klapperten die Klapperschlangen,
> bis ihre Klappern schlapper klangen.

*Versbindung durch den Reim*

Komische Wirkung hat auch der *gebrochene Reim*, wie ihn Wilhelm Busch gern verwendet, z. B. in *Max und Moritz*:

> Jeder weiß, was so ein Mai-
> käfer für ein Vogel sei.

## Grammatischer Reim und Augenreim

Der Vollständigkeit halber sei noch erwähnt, dass es auch Reime gibt, die sich für das Ohr nicht reimen. Hierzu gehören die sogenannten *grammatischen Reime*, bei denen nicht Silben mit variierten Anfangskonsonanten, sondern Wörter in variierten Flexionsformen wiederholt werden: z. B. ›schreiben – schrieb‹ oder ›gehen – ging‹. Das Kunstmittel ist aber in der Literatur nur selten anzutreffen.

Eine in der englischen Lyrik häufig anzutreffende Reimform ist der sogenannte *Augenreim* (*eye-rhyme*), der nur dem Auge als Reim erscheint, während er in gesprochener Form keinen Reim ergibt: z. B. *love – move*; *watch – match*. Im Englischen gibt es dafür wegen der Unterschiedlichkeit von Schreibung und Aussprache reichlich Gelegenheit, im Deutschen sind Augenreime nicht möglich.

## Binnenreim

Reime können am Anfang, im Innern und am Ende der Verszeilen auftreten. Anfangsreime sind selten und werden kaum als solche wahrgenommen. *Binnenreime* tragen dagegen erheblich zur Bindung der Verszeile bei. Wenn die Reimwörter unmittelbar aufeinander folgen, spricht man von *Schlagreim*, wie in »Quellende, schwellende Nacht« (aus Friedrich Hebbels »Nachtlied«). Großer Beliebtheit erfreuten sich Binnenreime im Barock, wo der Spielcharakter von Dichtung stärker empfunden wurde als in anderen Epochen. Hier ein Beispiel:

## Johann Klaj (1616 – 56)

### Kleines Bestiarium

Die Blätter vom Wetter sehr lieblichen spielen,
es nisten und pisten die Vogel im Kühlen,
    es herzet und scherzet das flüchtige Reh,
    es setzet und hetzet durch Kräuter und Klee.
Es kirren und girren die Tauben im Schatten,
es wachen und lachen die Störche in Matten,
    es zitschert und zwitschert der Spatzen ihr Dach,
    es krächzet und ächzet der Kraniche Wach.
Es schwirren und schmirren die Schwalben in Lüften,
es klingen und springen die Adler in Klüften,
    die Lerch trierieret ihr Tiretilier,
    es binken die Finken den Buhlen allhier.
Die Frösche coaxen und wachsen in Lachen,
rekrecken, mit Strecken sich lustiger machen,
    es kimmert und wimmert der Nachtigall Kind,
    sie pfeifet und schleifet mit künstlichem Wind.

### Reimschema

Die vertrauteste Form des Reims ist die am Ende einer Verszeile. Dabei bieten sich für die Anordnung der Reime mehrere Möglichkeiten: sie können parallel, alternierend oder symmetrisch aufeinander folgen. Hier einige Beispiele:

PAARREIM (parallel):

| | |
|---|---|
| Denk ich an Deutschland in der Nacht, | a |
| Dann bin ich um den Schlaf gebracht, | a |
| Ich kann nicht mehr die Augen schließen, | b |
| Und meine heißen Tränen fließen. | b |

(Aus: Heinrich Heine, »Nachtgedanken«)

## Versbindung durch den Reim

HAUFENREIM (parallel):

> Augen, meine lieben Fensterlein,      a
> Gebt mir schon so lange holden Schein,  a
> Lasset freundlich Bild um Bild herein:  a
> Einmal werdet ihr verdunkelt sein!     a
>
> (Aus: Gottfried Keller, »Abendlied«)

KREUZREIM (alternierend):

> Über den Brennesseln beginnt,           a
> keiner hört sie und jeder,              b
> die Trauer der Welt, es rührt der Wind  a
> die Elastik einer Matratzenfeder.       b
>
> (Aus: Günter Eich, »Schuttablade«)

Die alternierende Reimfolge ist auch bei mehreren Reimen möglich nach dem Schema abcabc oder abcdabcd. Das alternierende Schema lässt sich außerdem mit dem parallelen kombinieren, etwa so: aabaacaabaac.

UMARMENDER REIM (symmetrisch):

> O flaumenleichte Zeit der dunklen Frühe!   a
> Welch neue Welt bewegest du in mir?        b
> Was ist's, daß ich auf einmal nun in dir   b
> Von sanfter Wollust meines Daseins glühe?  a
>
> (Aus: Eduard Mörike, »An einem Wintermorgen,
>   vor Sonnenaufgang«)

Auch bei symmetrischem Bau sind mehrere Reimfolgen möglich, z. B. nach dem Schema abcddcba.

KEHRREIM:

So wie der Schluss einer Verszeile durch den Reim angezeigt wird, so kann auch der Schluss einer Strophe durch die Wiederholung einer immer gleichen Zeile oder Zeilengruppe markiert werden. Man nennt dies *Kehrreim* oder *Refrain*. Bei strophischen Liedern ist das Kunstmittel oft anzutreffen und erfreute sich schon im Mittelalter großer Beliebtheit.

## Die Ebene von Strophe und Gedicht

Strophischer und nichtstrophischer Bau

Ein Gedicht ist ein abgeschlossener Text, der sich entweder direkt aus einer bestimmten Anzahl von Versen zusammensetzt oder in Strophen gegliedert ist. Bei extrem kurzen Gedichten von drei oder vier Zeilen bedarf es keiner weiteren Untergliederung. Doch schon bei einer Länge von sechs oder acht Zeilen pflegen die Dichter den Text oft in zwei Hälften aufzuteilen. Diese Teilung kann unterbleiben, wenn das Gedicht bereits inhaltlich eine erkennbare Gliederung aufweist. Je länger es ist, umso notwendiger wird aber ein über die Verseinheit hinausgehendes Gliederungsprinzip, weil sonst die formale Bestimmtheit der Kristallstruktur in die Beliebigkeit einer Art Sedimentstruktur übergeht. Bei philosophischen, didaktischen oder satirischen Gedichten kann der Dichter es sich leisten, Verse auf solche Weise zu »sedimentieren«, da die gedankliche Entwicklung dem Gedicht Struktur gibt. Doch bei Lyrik, die Gefühle oder symbolisch aufgeladene Bilder darstellt, braucht das Gedicht eine durchgegliederte Gestalt, wenn der Leser das Gefühl haben soll, dass jedes Wort am richtigen Platz steht und keine Zeile zuviel oder zuwenig ist.

Eine allein durch den Inhalt gegliederte, ansonsten aber einheitliche Form lässt sich nur in Texten von geringem Umfang realisieren. Die 14 Zeilen eines Sonetts scheinen das Äußerste zu sein, was auf diese Weise zur Einheit gebracht werden kann; und selbst hier hat man, wie wir noch sehen werden, eine Untergliederung in zwei Quartette und zwei

Terzette eingeführt, die dem Sonett äußerlich den Charakter einer strophischen Gliederung geben. Um echte Strophen handelt es sich dabei aber nicht; denn von solchen erwartet man, dass sie sich wie parataktische Sätze zueinander verhalten, während die Quartette und Terzette im Sonett in einem hypotaktischen Kontext stehen. Vielmehr ist es so, dass sich das Sonett selber als Strophe ansehen lässt, vor allem dann, wenn es als strophische Einheit in zusammenhängenden Sammlungen, sogenannten Sonettenkränzen, auftritt.

Im Laufe der Literaturgeschichte haben sich die vielfältigsten Strophenformen ausgebildet, von denen wir die verbreitetsten im historischen Teil des Buches betrachten wollen. Im Zusammenhang der systematischen Betrachtung mag es genügen festzustellen, dass die Strophe eine Gliederungseinheit zwischen der Ebene des Verses und der des Gedichts darstellt, die ihrerseits eine komplexe Gliederung aufweisen kann, trotzdem aber ein Formelement des ganzen Gedichts bleibt. Bei manchen Gedichtformen, die nicht durch eine erzählte Handlung wie in der Ballade oder durch eine durchgängige gedankliche Entwicklung zusammengehalten werden, sondern statt dessen Gefühle und Ansichten ausdrücken, lassen sich die Strophen oft wie Kettenglieder austauschen, ohne dass der Leser oder Hörer dies merkt. Das gilt, wie wir gleich sehen werden, vor allem für das Lied. Auf der anderen Seite gibt es durchkomponierte Gedichte, in denen jeder Einzelabschnitt so fest an seinen Platz gebunden ist, dass er eine jeweils eigene strophische Form verlangt. Ein Musterbeispiel dafür ist Goethes »Harzreise im Winter«, auf die wir am Schluss des Kapitels zu sprechen kommen werden.

## Allgemeine Bauprinzipien

Sehr viele lyrische Gedichte stellen einen einfachen, nicht weiter gegliederten Sachverhalt dar, sei es ein Bild, ein Gefühl oder einen Gedanken. Dazu bedarf es keiner besonderen Bauform. Wenn aber ein komplexerer Sachverhalt oder eine Sequenz von Bildern, Gefühlen oder Gedanken ausgedrückt werden soll, muss der Dichter entscheiden, wie er die einzelnen Schritte miteinander verknüpft. Auch wenn sich dabei im konkreten Fall sehr vielfältige Möglichkeiten ergeben, lassen sich diese doch auf wenige Grundformen zurückführen.

ADDITIONSPRINZIP: Die einfachste Möglichkeit, formale oder inhaltliche Elemente miteinander zu verbinden, ist die additive Aneinanderreihung. Mit einer solchen haben wir es in den meisten mehrstrophigen Liedern zu tun. Eines der bekanntesten von Paul Gerhardt beginnt so:

> Geh aus mein Herz und suche Freud
> In dieser lieben Sommerszeit
> An deines Gottes Gaben.
> Schau an der schönen Gärten Zier
> Und siehe, wie sie mir und dir
> Sich ausgeschmücket haben.
>
> (Aus »Sommergesang«)

Auf diese Strophe folgen noch vierzehn weitere, in denen Bäume und Blumen, Lerche und Nachtigall, Glucke, Storch und Schwalbe nebst zahlreichen anderen Lebewesen bis hin zum Weizenfeld als Beispiele für Gottes wunderbare Schöpfung aufgezählt und als Vorahnung des Paradieses gedeutet werden. Das Gedicht, das als Ausdruck naiver Freude an der Schöpfung bis heute lebendig geblieben ist, würde nichts verlieren, sondern eher gewinnen, wenn es um die Hälfte seiner Strophen gekürzt würde. Das Problem des additiven Verfahrens ist, dass es beliebig, auch bis ins für

das Gedicht Abträgliche, fortgesetzt werden kann, da es keinen formalen Zielpunkt hat.
Formal bedeutet ein strophischer Bau zwar immer die Addition von Einheiten, auch wenn diese nicht notwendigerweise identische sein müssen. Doch inhaltlich kann das Gedicht trotzdem eines der nachfolgenden Bauprinzipien aufweisen.

ALTERNATIONSPRINZIP: Die Monotonie des bloßen Addierens schwindet, wenn Elemente aus zwei gegensätzlichen Gruppen abwechselnd gegeneinander gestellt werden. Das tut Schiller in seinem Gedicht »Das Ideal und das Leben«. Die Gegensätzlichkeit wird zusätzlich dadurch unterstrichen, dass vier Strophen der einen Seite mit ›Wenn‹ beginnen, auf die jeweils eine Strophe mit ›Aber‹ folgt. In Balladen findet man das Alternationsprinzip zuweilen in der Form der Wechselrede. Schon die alte schottische Volksballade »Edward« besteht ausschließlich aus einem Wortwechsel zwischen Mutter und Sohn. Ihr Vorbild hat auf spätere Kunstballaden gewirkt, wo die Wechselrede zum Zweck des dramatischen Effekts eingesetzt wird. Dem alternierenden Bauprinzip wohnt eine natürliche Tendenz zur Zuspitzung inne, so dass solche Gedichte, anders als strophische Lieder, einem antizipierbaren Schluss zustreben.

KAUSALPRINZIP: Was in der dramatischen Ballade durch die Wechselrede, wird in der erzählenden Ballade kausal entwickelt. Hier findet man ähnliche Bauweisen wie bei pointierten Kurzgeschichten. Gewisse kausal zusammenhängende Vorgänge gibt es auch außerhalb der Ballade. So erzählt Goethe in seinem lyrischen Gedicht »Gefunden« eine Art Miniaturgeschichte, die er zum Gleichnis verdichtet.

## Gefunden

Ich ging im Walde
So für mich hin,
Und nichts zu suchen,
Das war mein Sinn.

Im Schatten sah ich
Ein Blümlein stehn,
Wie Sterne leuchtend,
Wie Äuglein schön.

Ich wollt es brechen,
Da sagt' es fein:
Soll ich zum Welken
Gebrochen sein?

Ich grub's mit allen
Den Würzlein aus,
Zum Garten trug ich's
Am hübschen Haus.

Und pflanzt' es wieder
Am stillen Ort;
Nun zweigt es immer
Und blüht so fort.

Erzählte Begebenheiten haben oft einen natürlichen Höhepunkt, der das Gedicht auf einen Fokus zentriert, was bei liedhaften Gedichten schwerer zu erreichen ist.

ANTITHESE: Wenn das Alternationsprinzip sich auf einen einzigen Wechsel der Positionen beschränkt, ergibt sich daraus eine antithetische Struktur, die zum Wesensmerkmal bestimmter Gedichtformen gehört, so z. B. des italienischen Sonetts, mit dem wir uns später befassen werden. Die Antithese kann auf vielerlei Weise realisiert werden. Ein an-

*Die Ebene von Strophe und Gedicht* 69

schauliches Beispiel ist das folgende Gedicht von Matthias Claudius:

*Der Tod und das Mädchen*

Das Mädchen

Vorüber, ach, vorüber!
Geh, wilder Knochenmann!
Ich bin noch jung, geh, Lieber!
Und rühre mich nicht an.

Der Tod

Gib deine Hand, du schön und zart Gebild!
Bin Freund und komme nicht zu strafen.
Sei guten Muts! Ich bin nicht wild,
Sollst sanft in meinen Armen schlafen!

Die Antithese wirkt jedoch nur in Gedichten von geringem Umfang wie etwa dem Sonett. Bei längeren Gedichten verliert der Leser die Gegenposition aus dem Blick. Deshalb wird der Dichter dann das alternierende Bauprinzip wählen.

DREI-SCHRITT-SCHEMA: Komplexere Möglichkeiten eröffnen sich bei einer dreigliedrigen Struktur. Eines der glanzvollsten Beispiele ist das Gedicht »To His Coy Mistress« des englischen Dichters Andrew Marvell (1621–78). In der Übersetzung des Verfassers lautet es so:

*An die spröde Geliebte*

Gäb's für uns Welt genug und Zeit,
dein Sträuben, Lady, tät kein Leid.
Wir säßen nieder und bedächten,
Wie wir den langen Tag verbrächten.
Du, fern am Ganges, fändst Rubine,
Ich trüg am Humber Trauermiene.

Entzündet würde meine Glut
Zehn Jahre vor der großen Flut,
Und Du, wenn's dir beliebt, bliebst hart,
Bis Juda sich zu Christum schart.
Es wüchs mein Liebesbaum sich aus
Zur Größe eines Weltenbaus.
Einhundert Jahre tät ich schauen
Auf deine Augen und die Brauen.
Zweihundert braucht ich mindestens
Für deiner Brüste Reverenz,
Doch dreißigtausend für den Rest,
Ein Weltzeitalter pro Attest.
Im letzten dann, ganz ohne Scherz,
Enthüllte ich dein edles Herz.
Denn, Lady, du verdienst all das
Als meiner Liebe volles Maß.

Doch hinter mir jagt schon heran,
Der Zeit geflügeltes Gespann,
Und vor uns liegen schon bereit
Wüsten endloser Ewigkeit.
All deine Schönheit wird vergehn,
Kein Lied wird deine Gruft durchwehn.
Von Würmern wird hinweggerafft
Die aufgesparte Jungfernschaft,
Und deiner Ehre Sitz wird Staub,
Und meine Sinne werden taub.
Das Grab ist heimlich und verschwiegen,
Doch niemand wird dort bei dir liegen.

Drum lasst uns, während noch die Wangen
Im Morgentau der Jugend prangen
Und dein Verlangen, ungestillt,
Wie Feuer aus den Poren quillt,
Als liebestolle Falken jetzt
Die Frist, die uns die Zeit gesetzt,

## Die Ebene von Strophe und Gedicht

> Lieber in einem Stück verschlingen,
> Als sie in Häppchen hinzubringen.
> All unsre Kraft und Süße wollen
> zu einem einz'gen Ball wir rollen.
> Den treiben wir, Ziel unsres Strebens,
> Mit Wollust durch das Tor des Lebens.
> Will stehn nicht unsrer Sonne Wagen,
> Soll er im Sturm uns vorwärts tragen.

Die drei Argumentationsschritte des Gedichts lassen sich als *modus irrealis, modus realis* und *modus potentialis* bezeichnen. Der Dichter sagt zunächst, was er täte, wenn eine irreale Voraussetzung gegeben wäre. Dieser Illusion stellt er die harte Realität entgegen, um dann als Schlussfolgerung der Geliebten in glühenden Farben auszumalen, was sein könnte, wenn sie nur wollte.

Dreigliedrige Strukturen finden sich auch in den Chorliedern der griechischen Tragödie, in der antiken Ode und im Meistersang. Letzterer bildete die dreiteilige *Meistersangstrophe* aus, die sich aus einem Aufgesang, bestehend aus Stollen und Gegenstollen, und einem Abgesang zusammensetzt. Eine ähnliche Struktur findet sich im englischen Sonett.

ZIRKEL-SCHEMA: Bei einigen Gedichtformen, wie z. B. dem Rondeau, dem Rondel und dem Ritornell, weist schon der Name auf eine Zirkelstruktur hin. Oft sind es Lieder, die zu einem Rundtanz gesungen werden. Aber auch in anderen Gedichten findet man zirkelhafte Strukturen, zumal dann, wenn der Inhalt des Gedichtes selber von einem Kreislauf handelt. Das ist z. B. in Goethes Gedicht »Gesang der Geister über den Wassern« der Fall:

Des Menschen Seele
Gleicht dem Wasser:
Vom Himmel kommt es,
Zum Himmel steigt es,
Und wieder nieder
Zur Erde muß es,
Ewig wechselnd.

Strömt von der hohen,
Steilen Felswand
Der reine Strahl,
Dann stäubt er lieblich
In Wolkenwellen
Zum glatten Fels,
Und leicht empfangen
Wallt er verschleiernd,
Leisrauschend
Zur Tiefe nieder.

Ragen Klippen
Dem Sturz entgegen,
Schäumt er unmutig
Stufenweise
Zum Abgrund.

Im flachen Bette
Schleicht er das Wiesental hin,
Und in dem glatten See
Weiden ihr Antlitz
Alle Gestirne.

Wind ist der Welle
Lieblicher Buhler;
Wind mischt von Grund aus
Schäumende Wogen.

> Seele des Menschen,
> Wie gleichst du dem Wasser!
> Schicksal des Menschen,
> Wie gleichst du dem Wind!

Das Zirkelhafte kann sich auch darauf beschränken, dass am Schluss der Anfang mit gleichen oder ähnlichen Worten wiederholt wird wie in Theodor Fontanes Ballade »John Maynard«. Das gibt dem Gedicht einen festen Rahmen.

ASSOZIATIONSPRINZIP: Während in Gedichten der Renaissance, des Barock und des englischen Klassizismus logische Bauformen wie Antithese und Dreisatz-Prinzip die Regel sind, ziehen die Romantiker psychologische Formen der Entwicklung und Verknüpfung poetischer Inhalte vor. Ein Musterbeispiel dafür ist John Keats' »Ode to a Nightingale«, die wir hier nicht in ganzer Länge wiedergeben wollen. Keats gestaltet das aus acht zehnzeiligen Strophen bestehende Gedicht als eine Art Bewusstseinsstrom, der durch den Kopf des Dichters fließt, während er dem Gesang einer Nachtigall lauscht. Dabei werden die Strophen auf kunstvolle Weise assoziativ miteinander verknüpft. Wenn beispielsweise eine Strophe mit der Zeile endet

> And with thee fade away into the forest dim –,

nimmt die nächste Strophe das »fade« auf und beginnt:

> Fade far away, dissolve, and quite forget ...

Auf die gleiche Weise beginnt die letzte Strophe mit dem »Forlorn«, mit dem die vorletzte ausklang. Auch alle übrigen Strophen sind durch solche assoziativen Bezüge verknüpft, sei es durch Wortechos, sei es durch Bildvorstellungen, die an vorausgegangene anschließen, indem sie sie fortsetzen oder sich gegen sie stemmen, wobei im zweiten Fall kein logisch-antithetisches, sondern ein psychologisch-aversives Verhältnis vorliegt.

CRESCENDO-PRINZIP: Noch weiter entfernt von der Gefahr der Monotonie ist ein Gedicht, dessen Bild-, Gedanken- oder Gefühlspotential nach dem Prinzip des An- und Abschwellens aufgebaut wird. Da Sprache etwas ist, was in der Zeit abläuft, kann dieser Ablauf beschleunigt oder verlangsamt werden. Wie in der Musik lassen sich dabei Crescendo- und Decrescendo-Effekte erzeugen, wofür das »Waldlied« von Gottfried Keller ein gutes Beispiel ist:

Arm in Arm und Kron' an Krone, steht der Eichenwald
                              verschlungen,
Heut hat er bei guter Laune mir sein altes Lied gesungen.

Fern am Rande fing ein junges Bäumchen an sich sacht
                              zu wiegen,
Und dann ging es immer weiter an ein Sausen, an ein
                              Biegen;

Kam es her in mächt'gem Zuge, schwoll es an zu breiten
                              Wogen,
Hoch sich durch die Wipfel wälzend kam die Sturmesflut
                              gezogen.

Und nun sang und pfiff es graulich in den Kronen, in den
                              Lüften,
Und dazwischen knarrt' und dröhnt' es unten in den
                              Wurzelgrüften.

Manchmal schwang die höchste Eiche gellend ihren Schaft
                              alleine,
Donnernder erscholl nur immer drauf der Chor vom
                              ganzen Haine!

Einer wilden Meeresbrandung hat das schöne Spiel geglichen;
Alles Laub war weißlich schimmernd nach Nordosten
                              hingestrichen.

*Die Ebene von Strophe und Gedicht* 75

Also streicht die alte Geige Pan der Alte laut und leise,
Unterrichtend seine Wälder in der alten Weltenweise.

In den sieben Tönen schweift er unerschöpflich auf und
nieder,
In den sieben alten Tönen, die umfassen alle Lieder.

Und es lauschen still die jungen Dichter und die jungen
Finken,
Kauernd in den dunklen Büschen sie die Melodien trinken.

Das Crescendo-Verfahren wird man vor allem da finden, wo anschwellende Naturvorgänge wie z. B. ein Sturm oder ein Sonnenaufgang beschworen werden. Umgekehrt wird sich für die Darstellung der hereinbrechenden Nacht oder des Versinkens in Schlaf das Decrescendo anbieten.

DAS MUSIKALISCHE MEHR-SATZ-PRINZIP: Bei längeren Gedichten kann der Dichter die Monotonie eines Tons dadurch vermeiden, dass er wie bei mehrsätzigen Musikstücken die Tempi und Taktarten wechselt. So schrieb der englische Dichter John Dryden (1631–1700) ein Gedicht auf Cäcilie, die Schutzheilige der Musik, worin er jedem Instrument eine eigene Strophe oder Versgruppe widmet, die lautmalerisch und rhythmisch den Klangcharakter des betreffenden Instruments zum Ausdruck bringt.

SYMMETRIE: Für die graphische Anordnung von Versen bietet sich ein weiteres Bauprinzip an, das der Symmetrie. In Epochen, in denen der Spielcharakter der Dichtung besonders ausgeprägt war wie im Barock, ist davon reichlich Gebrauch gemacht worden. Gelegentlich haben Dichter sogar versucht, gedankliche Antithesen durch symmetrische Versgruppen auszudrücken. Da aber Symmetrie im zeitlichen Nacheinander der Sprache kaum wahrgenommen werden kann, bleibt sie meist auf das Schriftbild beschränkt.

KOMPLEXE FORMEN: In Gedichten von größerem Umfang wird man die oben aufgeführten Bauprinzipien zuweilen kombiniert antreffen, was meist ein Zeichen ihres künstlerischen Ranges ist. Das trifft z. B. auf eines der großartigsten Gedichte in deutscher Sprache zu, nämlich Goethes »Harzreise im Winter«. Hier wird auf der untersten Schicht der Kausalnexus einer Wanderung durch den Harz angedeutet. Darüber ist eine Folge von Assoziationen gelegt, die der Dichter mit den einzelnen Stationen seiner Wanderung verbindet. Diese wiederum werden von ihm zu Aussagen über die menschliche Existenz ausformuliert, wobei er streckenweise alternierend verfährt und abwechselnd das Schicksal des vom Glück Begünstigten und das des Unglücklichen, dem »Balsam zu Gift ward«, gegeneinander stellt. Das ganze Gedicht ist darüber hinaus, entsprechend der zugrunde liegenden Vorstellung einer Bergbesteigung, als grandioses Crescendo angelegt. Sogar ein zirkuläres Moment klingt an; denn wenn das Crescendo zuletzt den Gipfel erreicht, der real als über die Wolken hinaus ragender Berggipfel und metaphorisch als Gottheit zu verstehen ist, dann befindet sich der Leser wieder auf der gleichen Höhe wie am Anfang, wo der Dichter sich emphatisch »dem Geier gleich« über die Wolken erhob.

Anfang:  Dem Geier gleich,
Der auf schweren Morgenwolken
Mit sanftem Fittich ruhend
Nach Beute schaut,
Schwebe mein Lied.

Schluss:  Du stehst mit unerforschtem Busen
Geheimnisvoll-offenbar
Über der erstaunten Welt
Und schaust aus Wolken
Auf ihre Reiche und Herrlichkeit,
Die du aus den Adern deiner Brüder
Neben dir wässerst.

# Historischer Teil

## *Versformen*

Bei gedruckter Lyrik steht es dem Dichter frei, jede Verszeile mit nur einer einzigen Silbe zu füllen. Bei mündlichem Vortrag muss aber eine Zeile aus mindestens einem Versfuß bestehen, sonst würde man die Versstruktur nicht erkennen. Dieser Versfuß müsste zudem mit einer Reimsilbe versehen sein, damit man ihn als selbständige Einheit von den folgenden Versfüßen abgrenzen kann. Während sich die Untergrenze für die Länge eines Verses somit genau angeben lässt, ist die Obergrenze fließend. Theoretisch ließen sich Verse mit zwölf oder mehr Versfüßen denken. Doch die Erfahrung lehrt, dass schon bei Versen mit sieben Versfüßen der Hörer dazu neigt, aus ihnen eine abwechselnde Folge von vier- und dreifüßigen Versen herauszuhören. So klingt beispielsweise der mittelalterliche Septenar in den Ohren des modernen Hörers wie die vertraute Balladenstrophe, bei der vierhebige mit dreihebigen Zeilen abwechseln. Trotzdem gab es in der deutschen Lyrik gelegentlich sogar achthebige Verse. Wenn das Minimum eins und das Maximum acht ist und wenn jeder Vers mit einem der vier oben genannten Metren gefüllt werden kann, ergeben sich bei regelmäßiger Füllung theoretisch 32 verschiedene Versformen. Wir wollen sie hier nicht alle pedantisch auflisten, sondern nur die wichtigsten vorstellen.

## Eintakter

Eintaktige Verse finden sich gewöhnlich nur im Verbund mit anderen Versformen. Ein metrisches Gedicht, das nur aus Eintaktern besteht, würde sich ziemlich kurzatmig anhören. Verbunden mit längeren Verszeilen finden sich Eintakter aber öfters in barocken Kirchenliedern wie diesem:

> O heilger Geist, kehr bei uns ein
> Und laß uns deine Wohnung sein,
> o, komm du Herzenssonne.
> Du Himmelslicht, laß deinen Schein
> Bei uns und in uns kräftig sein
> Zu steter Freud und Wonne.
> Sonne,
> Wonne,
> Himmlisch Leben
> Willst du geben,
> Wenn wir beten;
> Zu dir kommen wir getreten.

(Aus: Michael Schirmer, »O heilger Geist«, 1. Strophe)

In diesem Lied, wie in manchen von Paul Gerhardt, finden sich ein-, zwei-, drei- und viertaktige Verse, die zu einer Strophe verbunden sind.

## Zweitakter

Auch zweitaktige Verse treten meist mit anderen im strophischen Verbund auf. Es gibt aber Gedichte, die nur aus zweihebigen Versen bestehen. In der Antike gab es den *adonischen Vers*, so benannt nach einer Totenklage um Adonis. Dieser Vers wurde u. a. durch Klopstock wiederbelebt, und Goethe verwendet ihn in abgewandelter Form:

> Alles Vergängliche
> Ist nur ein Gleichnis;
> Das Unzulängliche,
> Hier wird's Ereignis;
> Das Unbeschreibliche,
> Hier ist's getan;
> Das Ewig-Weibliche
> Zieht uns hinan.

(Aus: Goethe, *Faust II*, Schlussverse)

## Drei- und Viertakter

Dreitaktige Verse mit wechselnden Versfüßen sind oft in Volksliedern anzutreffen. Allerdings treten sie meist als zweite und vierte Zeile in einer Strophe auf, die in der ersten und dritten Zeile vier Hebungen hat. Da die deutschen Romantiker sich stark am Vorbild des Volksliedes orientiert haben, ist der größte Teil ihrer Gedichte entweder ganz in dreitaktigen, ganz in viertaktigen oder abwechselnd in vier- und dreitaktigen Versen geschrieben, wobei das Metrum meist jambisch oder trochäisch, gelegentlich aber auch daktylisch oder anapästisch ist. Wenn in einer Volksliedstrophe zwei- und dreisilbige Versfüße wechseln, haben wir es mit einer Balladenstrophe zu tun.

## Fünftakter

Der fünftaktige Vers mit jambischem Versmaß wurde durch die elisabethanischen Dramatiker, allen voran durch Shakespeare, zum klassischen Vers des Dramas, und zwar in ungereimter Form als sogenannter *Blankvers*. In England war er seit Milton auch der Vers des Epos. Nach Milton bildete sich dort noch ein zweiter Fünftakter aus, der paarweise gereimte fünfhebige Jambus, der von Dryden und anderen in die heroische Tragödie eingeführt und von dort als *heroic couplet* in die übrige Versdichtung übernommen wurde. Durch Dryden und Pope wurde diese Form zum Standardvers der satirischen Dichtung. Das charakteristische Merkmal des *heroic couplet* ist seine symmetrische Struktur, die dadurch erreicht wird, dass die zweite Zeile in der Mitte eine Zäsur hat. Das gibt ihm eine klare, pointierte Struktur, weshalb es zur Lieblingsversform des englischen Klassizismus wurde. Einen gereimten jambischen Fünftakter gab es in Frankreich bereits im Spätmittelalter. Es ist der schon früher erwähnte *vers commun*, dessen besonderes Merkmal die Zäsur nach der zweiten Hebung ist.

## Sechstakter

Während die Engländer unter dem Einfluss Shakespeares und der Elisabethaner sich an den fünfhebigen Jambus hielten, übernahmen die Deutschen im 17. Jahrhundert von den Franzosen den *sechshebigen Alexandriner*, taten damit aber keinen glücklichen Griff. Der Alexandriner ist der Vers des klassischen französichen Dramas, wo er vor allem bei Racine eine wunderbare Musikalität gewinnt, die im Deutschen fast ganz verloren geht. Der Vers besteht aus sechs Jamben und hat nach der dritten Hebung eine Zäsur. Eine Zeile wie diese:

> A quel noveau tourment  je me suis réservée!
> Welch neue Marter ist  für mich hier vorgesehn!
>
> (Aus: Jean Racine, *Phèdre*)

klingt im Französischen elegant und flüssig; denn da die Wörter auf der letzten Silbe betont werden, macht die Zäsur nach der dritten Hebung keine Probleme. Im Deutschen, wo die Wörter auf der Stammsilbe betont werden, muss aber die dritte Hebung immer ein einsilbiges Wort sein, sonst ginge die Zäsur mitten durch ein Wort. Dadurch erhalten die deutschen Alexandriner etwas Kurzatmig-Ratterndes.

Zum Glück wurde der Alexandriner im 18. Jahrhundert durch den Einfluss Shakespeares im deutschen Drama gänzlich vom Blankvers verdrängt. Auch aus der übrigen Versdichtung verschwand er. Hier erhielt der fünfhebige Jambus allerdings Konkurrenz durch die antiken Versmaße, die mit der zunehmenden Hinwendung der Deutschen zu griechischen Vorbildern an Bedeutung gewannen.

Die beiden Hauptverse der Antike waren der *Pentameter* und der *Hexameter*, die beide bereits erwähnt wurden. Das charakteristische Merkmal des Pentameters ist seine Zäsur nach dem dritten Versfuß. In der deutschen Dichtung tritt er nur als zweite Zeile des sogenannten *Distichons* auf, dessen erste Zeile durch einen Hexameter gebildet wird. Das Distichon war bei den Griechen das klassische Verspaar der Elegie. Goethe hat es in seinen *Römischen Elegien* und Schiller in »Nänie« verwendet. Am wirkungsvollsten ist es jedoch in den *Xenien*, die die beiden Klassiker gemeinsam veröffentlichten. In diesen Epigrammen erweist sich das Distichon ähnlich prägnant, wenn auch nicht so leicht und elegant wie das englische *heroic couplet*. Den Grundcharakter des Verses haben die beiden Klassiker in der Form eines Distichons ausgedrückt, das sie 1797 im *Musenalmanach* veröffentlichten:

Im Hexámeter steigt des Springquells flüssige Säule,
  Im Pentámeter draúf fällt sie melódisch heráb.

Noch im gleichen Jahr ließ Matthias Claudius diese Parodie folgen:

Im Hexameter zieht der ästhetische Dudelsack Wind ein;
  Im Pentameter drauf läßt er ihn wieder heraus.

Der *Hexameter* für sich allein war der klassische Vers des antiken Epos. Nach dem Vorbild Homers und Vergils haben deutsche Dichter versucht, ihn ebenfalls als epischen Vers zu nutzen. Das Ergebnis war meist ein etwas gravitätischer, epigonal wirkender Ton. Goethe hat den Vers in seinem idyllischen Epos *Hermann und Dorothea* verwendet. Wirkungsvoller wird der Leser den Vers vielleicht in Goethes komischem Tierepos *Reineke Fuchs* finden, da hier durch die Einkleidung der Schelmenhandlung in das Gewand des heroischen Epos ein parodistischer Effekt entsteht (den die Engländer *mock heroic* nennen).

Als sechshebigen Vers gibt es außer den beiden antiken Versen gelegentlich noch den *sechshebigen Jambus*, der unter der Bezeichnung *Trimeter* (drei Metren, d. h. Doppelfüße) der klassische Dialogvers der griechischen Tragödie war. Goethe legt ihn aus diesem Grunde in *Faust II* seiner Helena in den Mund, die dort als symbolische Repräsentantin des Klassischen auftritt. Ihre Auftrittsrede beginnt mit dem berühmten Satz:

> Bewundert viel und viel gescholten, Helena,
> Vom Strande komm' ich, wo wir erst gelandet sind.

Hier erhält die Rede durch den längeren Vers etwas Langsam-Schreitendes, das dem feierlichen Auftritt der schönsten Frau der Antike angemessen zu sein scheint.
Mit ganz anderer Wirkung verwendet Conrad Ferdinand Meyer den sechshebigen Jambus in seiner reimlosen Ballade »Die Füße im Feuer«:

> Wild zuckt der Blitz. In fahlem Lichte steht ein Turm.
> Der Donner rollt. Ein Reiter kämpft mit seinem Roß.
> Springt ab und pocht ans Tor und lärmt. Sein Mantel saust
> Im Wind. [...]

Diese Verse wirken nicht langsam-schreitend, sondern im Gegenteil extrem beschleunigt. Offenbar wählte der Dichter die sechshebige Form, weil die dramatische Vortragsweise sonst beim üblichen fünfhebigen Jambus ein zu großes Tempo gewonnen hätte. Durch die Verbindung von schnellem Vortrag und langem Vers entsteht eine eigentümliche Spannung, so als werde ein unruhiges Pferd fest am Zügel gehalten. Zügelung ist das Grundthema dieser Ballade; denn in ihr wird erzählt, wie ein Mann seine berechtigten Rachegefühle aus religiöser Überzeugung unter Kontrolle bringt.

## Siebentakter

Vom mittelalterlichen Siebentakter, dem *Septenar**, sagten wir bereits, dass er für unser Ohr wie eine abwechselnde Folge von vier- und dreihebigen Zeilen klingt. In England

---

* Dieser als Septenar bezeichnete Vers ist nicht zu verwechseln mit dem antiken Septenar, der als katalektischer trochäischer Tetrameter acht Hebungen hat.

ist das früheste mittelenglische Gedicht, das »Poema morale«, in diesem Vers überliefert. In der Shakespearezeit wird er von dem religiösen Dichter Robert Southwell (um 1561–95) verwendet, dessen in fast allen Anthologien abgedrucktes Gedicht »The Burning Babe« mit den Zeilen beginnt:

> As I in hoary winter's night stood shivering in the
> snow,
> Surprised I was with sudden heat which made my
> heart to glow.
>
> Als ich in rauer Winternacht im Schnee einst zitternd
> stand,
> Kam plötzlich Hitze über mich, mein Herz geriet in
> Brand.

Jeder Leser wird hier sogleich den vertrauten Balladenton heraushören und die Langzeilen infolgedessen als zwei ungleiche Hälften wahrnehmen.


## Achttakter

Die längste in der deutschen Dichtung anzutreffende Verszeile dürfte der trochäische Achttakter sein, den Graf August von Platen (1796–1835) in seinem bekannten Gedicht »Das Grab im Busento« verwendet. Es beginnt so:

> Nächtlich am Busento lispeln bei Cosenza dumpfe
> Lieder,
> Aus den Wassern schallt es Antwort, und in Wirbeln
> klingt es wieder.

Es ist schwer zu sagen, ob ein Hörer, der das Schriftbild nicht kennt, dies als zwei achthebige Langzeilen oder nicht eher als vier vierhebige Kurzzeilen empfindet. Überhaupt ist die Zeilenlänge, zumal in moderner Lyrik, überwiegend eine Sache des Schriftbildes. Selbst wenn man den Reim als Markierung des Zeilenendes ansieht, muss das noch nicht heißen, dass achttaktige Verse wie die von Platen damit als solche zu identifizieren sind; denn es gibt viele vierhebige Gedichte und Volkslieder, die nur in der zweiten und vierten Zeile einen Reim haben.

In der klassischen Antike waren die langen Verszeilen noch auf Grund der strengen metrischen Gesetze zu erkennen. In der späteren, alternierenden und repetierenden Metrik konnte das Ohr in aller Regel keinen Unterschied mehr wahrnehmen zwischen einem jambischen Siebentakter und einer abwechselnden Folge von jambischen Vier- und Dreitaktern. Aus diesem Grund beschränkt sich die metrisch geregelte Lyrik fast ganz auf Zeilen bis zu sechs Hebungen.

## Germanische Langzeile

Bei den bisher betrachteten Verszeilen handelte es sich um solche, die sich aus regelmäßigen Versfüßen zusammensetzen. Daneben gibt es aber noch zwei Verszeilen, die sich am akzentuierenden Prinzip orientieren. Wir haben sie bereits im Kapitel zur Metrik vorgestellt. Die eine ist die germanische Langzeile, die in der altgermanischen Dichtung und noch im Nibelungenlied verwendet wird. In der neuhochdeutschen Lyrik klingt sie nur in Balladen nach, in denen entweder die Nibelungenstrophe nachgeahmt oder die Langzeile in zwei Kurzzeilen gebrochen wird. Näheres hierzu werden wir im Kapitel über die Strophenformen ausführen.

## Knittelvers

Der zweite metrisch unregelmäßige Vers ist der Knittelvers. Er tritt in der deutschen Lyrik in einer strengen und einer freien Form auf. Die strenge finden wir bei Hans Sachs, der zwischen den Hebungen eine wechselnde Zahl von Senkungen hat. Oft stimmt der Versakzent nicht mit dem Wortakzent überein, so dass sich seine Verse für unser Ohr holprig anhören; doch achtet er streng auf die Silbenzahl, die bei männlichem Ausgang acht, bei weiblichem neun Silben pro Vers beträgt. In der freien Form, in der der Knittelvers auch heute noch bei volkstümlichen Anlässen, etwa bei einer Hochzeit, verwendet wird, haben die Zeilen eine feste Anzahl von Hebungen bei freier Füllung der Senkungen. Vers- und Wortakzent stimmen zumeist überein. Brecht hat den Knittelvers oft als ein Mittel der sprachlichen Verfremdung eingesetzt; und Peter Weiss hat ihn, Brechts Vorbild folgend, in seinem Stück *Die Verfolgung und Ermordung Jean Paul Marats dargestellt durch die Schauspielgruppe des Hospizes zu Charenton unter Anleitung des Herrn de Sade* verwendet, dessen Prolog so beginnt:

> Als Direktor der Heilanstalt Charenton
> heiße ich sie willkommen in diesem Salon
> Wir haben es dem hier ansässigen Herrn de Sade
>                     zu verdanken
> daß er zu Ihrer Unterhaltung und zur Erbauung
>                     der Kranken
> ein Drama ersonnen und instruiert
> und es jetzt zur Aufführung ausprobiert.

## Strophenformen

Wie die Versformen durch die Zahl der Versfüße so sind die Strophenformen durch die Zahl der Verszeilen bestimmt. Auch hier hat sich im Lauf der Literaturgeschichte eine große Vielfalt ausgebildet.

## Zweizeilige Strophen

Der Mindestumfang einer Strophe sind zwei Zeilen. Damit wir diese als Einheit wahrnehmen, müssen sie auf eine erkennbare Weise miteinander verbunden sein. Das geschieht in der Regel dadurch, dass sie sich reimen. Allerdings werden Reimpaare nur selten als Strophen eingesetzt, da sie den Dichter unter den Zwang setzen, einen Gedanken oder ein Bild sehr knapp zu fassen. Bei gedanklicher Lyrik wird der Autor vielleicht das zweizeilige Distichon wählen und seine Gedanken in prägnant formulierte Sentenzen gliedern. Bei einem lyrischen Gedicht wird man zweizeilige Strophen aber nur dort finden, wo der Dichter ein besonders dichtes, symbolisch überhöhtes Bild anstrebt. Das ist in Theodor Storms »Über die Heide« der Fall:

> Über die Heide hallet mein Schritt;
> Dumpf aus der Erde wandert er mit.

Wenn man diese Verse nur hört und nicht gedruckt sieht, wird man sie möglicherweise als vier zweihebige Zeilen empfinden, da jede Zeile in der Mitte eine deutliche Zäsur hat, die dadurch entsteht, dass der Daktylus im zweiten Versfuß zu einem Trochäus verkürzt ist, so dass man beim Lesen den Raum für die fehlende Senkung durch eine Pause füllt.

Auch die folgende zweizeilige Strophe aus Platens »Das Grab im Busento« hört sich eher wie eine vierzeilige an:

> Allzu früh und fern der Heimat mußten hier sie ihn begraben,
> Während noch die Jugendlocken seine Schultern blond umgaben.

Vom Sprechrhythmus her ergibt sich beim Lesen eine vierzeilige Strophe, wie man sie aus volksliedhaften romantischen Gedichten kennt. Dass Platen trotzdem die zweizeilige Form wählte, hat vermutlich den Grund, dass der im

Deutschen sehr ungewöhnliche achthebige Langvers eine tragische Aura hat; denn er kommt im Schlusschor von Sophokles' *König Oidipus* vor. Offenbar wollte sich Platen von der volkstümlichen Balladendichtung absetzen, mit der der Leser das Gedicht zunächst einmal assoziieren wird, da es eine balladenhafte Situation, nämlich die Beerdigung des Helden Alarich, zum Gegenstand hat. Doch Platen erzählt den Vorgang nicht als spannende Geschichte, wie eine Ballade es getan hätte, sondern stimmt einen feierlichen Grabgesang an. Dem Leser wird dies durch die Langzeilen und die an das elegische Distichon erinnernde Zweizeiligkeit der Strophen signalisiert.

## Dreizeilige Strophen

Bei drei Zeilen hat der Dichter schon mehr Raum, einen Gedanken innerhalb der Strophe abzuschließen. Wenn er dabei das Reimschema aba wählt, hat er zudem die Möglichkeit, die nächste Strophe bcb zu reimen und sie damit eng mit der ersten zu verknüpfen. Da sich dieses Verfahren beliebig oft wiederholen lässt, ist es nur natürlich, dass sich diese dreizeilige Strophe als sogenannte *Terzine* vor allem in sehr langen Versdichtungen großer Beliebtheit erfreut. Dante hat seine aus 100 Gesängen bestehende *Göttliche Komödie* in Terzinen aus elfsilbigen Versen verfasst. Da der mittlere Reim einer Strophe dabei immer erst in der folgenden einen Reimpartner findet, ergibt sich das Problem des Abschlusses. Eine Möglichkeit, ihn klar erkennbar zu machen, ist die, die das italienische Sonett in den beiden Terzetten mit dem Reimschema aba bab wählt. Hugo von Hofmannsthal, der Terzinen oft verwendet, schließt sie gewöhnlich mit einer einzelnen Zeile ab, die den mittleren Reim der vorangegangenen Strophe aufnimmt. In den »Terzinen über die Vergänglichkeit« markiert er den Abschluss noch deutlicher:

> Dann: daß ich auch vor hundert Jahren war
> Und meine Ahnen, die im Totenhemd,
> Mit mir verwandt sind wie mein eignes Haar,
>
> So eins mit mir als wie mein eignes Haar.

Natürlich gäbe es auch die Möglichkeit, alle drei Zeilen der Strophe durch den gleichen Reim zu binden. Das würde die strophische Einheit deutlich hervortreten lassen, doch entspricht es nicht unserer Hörgewohnheit. Wenn das zweite Reimwort gefallen ist, erwarten wir aus Gewohnheit etwas Neues, so dass wir auf das dritte Reimwort nicht gefasst sind. Diese Überraschung drängt nach Auflösung, also nach einem weiteren Reim, zumindest nach etwas, das folgt. Das ist der Grund, weshalb dreizeilige Strophen mit dreifachem Reim außerordentlich selten sind.

## Vierzeilige Strophen

Die mit großem Abstand häufigste Strophenform ist die vierzeilige, wobei es je nach Versform die verschiedensten Möglichkeiten gibt. Auch Oden und Balladen haben meist vierzeilige Strophen, die wir gesondert betrachten wollen. Die verbreitetste Form ist die sogenannte *Volksliedstrophe*, die in drei Haupttypen anzutreffen ist, mit vier vierhebigen, vier dreihebigen und vier abwechselnd vier- und dreihebigen Versen, wobei das Reimschema meist abab ist mit abwechselnd weiblichen und männlichen Reimen.

Typ 1a

> Wem Gott will rechte Gunst erweisen,
> Den schickt er in die weite Welt;
> Dem will er seine Wunder weisen
> In Berg und Tal und Strom und Feld.

(Aus: Joseph von Eichendorff, »Der frohe Wandersmann«)

Das gleiche ist auch mit trochäischem Versmaß möglich. Dann wird sich der geübte Lyrikleser an den Tonfall der Romanzen erinnert fühlen, die wir später noch vorstellen wollen. Hier ein Beispiel:

Typ 1b

> Ins Museum bin zu später
> Stunde heut ich noch gegangen,
> Wo die Heilgen, wo die Beter
> Auf den goldnen Gründen prangen.

(Aus: Conrad Ferdinand Meyer, »Auf Goldgrund«)

Das ungewöhnliche Enjambement, durch das das Adjektiv »später« vom Substantiv »Stunde« getrennt wird, wurde vom Dichter sicher mit Absicht gewählt; denn die vierzeilige Strophe war zu jener Zeit bereits ein so ausgeleiertes Vehikel, dass dem Leiern durch solche Kunstgriffe entgegengewirkt werden musste.

Typ 2

> Dort unten in der Mühle,
> saß ich in süßer Ruh,
> Und sah dem Räderspiele,
> Und sah den Wassern zu.

(Aus: Justinus Kerner, »Der Wanderer in der Sägemühle«)

Auch diese Strophe ist aus zahlreichen Volksliedern und volksliedhaften Gedichten der Romantiker bekannt. Eichendorff verwendet sie in seinem vielleicht noch bekannteren Mühlengedicht, das mit der Zeile beginnt: »In einem kühlen Grunde«.

Typ 3

> Bei einem Wirte wundermild,
> Da war ich jüngst zu Gaste;
> Ein goldner Apfel war sein Schild
> An einem langen Aste.

(Aus: Ludwig Uhland, »Einkehr«)

Dies ist die volkstümlichste Form der Volksliedstrophe, weshalb sie sich für ein Gedicht wie das von Uhland besonders eignet.

## Balladenstrophe

Vierzeilig ist auch die klassische Balladenstrophe, die aus England nach Deutschland kam und nach dem Titel der vielleicht ältesten, auf jeden Fall aber bekanntesten englischen Volksballade auch bei uns als *Chevy-Chase-Strophe* bezeichnet wird. Ihren Rhythmus hat jeder Leser im Ohr, der einmal eine der vielen deutschen Balladen in dieser Strophenform gehört hat. Theodor Fontane, der längere Zeit in England und Schottland verbrachte, schrieb über einen schottischen Helden die Ballade »Archibald Douglas«, die so beginnt:

> »Ich hab es getragen sieben Jahr,
> Und ich kann es nicht tragen mehr!
> Wo immer die Welt am schönsten war,
> Da war sie öd und leer.«

Die Strophe unterscheidet sich von Typ 3 der Volksliedstrophe nur durch die unregelmäßige Zahl der Senkungen. Der dadurch entstehende Effekt eines leichten Holperns gibt der Balladenform den archaisierenden Volkston.

## Nibelungenstrophe

Als im 19. Jahrhundert die Ballade zur beliebtesten lyrischen Form für vaterländische Stoffe wurde, wollte man die patriotischen Gefühle nicht länger in eine englische Form gießen. Deshalb wählten jetzt manche Balladendichter die von altdeutscher Aura umwehte Strophe des *Nibelungenlieds*. Ludwig Uhland tat es in einer der bekanntesten deutschen Balladen, »Des Sängers Fluch«:

Es stand in alten Zeiten ein Schloß, so hoch und hehr,
Weit glänzt' es über die Lande bis an das blaue Meer,
Und rings von duft'gen Gärten ein blütenreicher
                        Kranz,
Drin sprangen frische Brunnen im Regenbogenglanz.

Wenn man die durch eine Zäsur geteilten Langzeilen dieser Strophe trennt, erhält man eine achtzeilige Strophe, die man ebenfalls in Uhlands Balladen finden kann. Daneben gibt es zwei-, fünf- und sechszeilige Balladenstrophen. Die Originalform der Nibelungenstrophe wurde für epische Zwecke geschaffen. Sie verlangt ein langsameres Sprechtempo, als es der dramatischen Ballade angemessen ist. Hier die erste Strophe aus dem *Nibelungenlied*:

Uns ist in alten mæren   wunders vil geseit
Von helden lobebæren,   und grôzer arebeit,
Von fröuden, hôchgezîten,   von weinen und von
                                 klagen,
Von küener recken strîten   muget ir nu wunder
                                 hœren sagen.

Der Reim am Ende der vorderen Halbzeile tritt nur gelegentlich auf. Aber auch ohne ihn wird ein moderner Hörer die Strophe eher als achtzeilig empfinden. Das hängt damit zusammen, dass wir nur die Akzente und nicht die Länge der einzelnen Takte wahrnehmen. (Auf das Problem des Viertakt-Schemas, das der Strophe zugrunde liegen soll, sind wir an früherer Stelle [S. 52 f.] eingegangen.)

## Fünfzeilige Strophen

Strophen von fünf Zeilen sind im Deutschen außerordentlich selten. Der Grund dafür liegt auf der Hand. Wegen der ungeraden Zeilenzahl lässt sich die Strophe weder durch einen Paarreim noch einen Kreuzreim noch einen umgreifenden Reim binden. Immer bleibt eine Zeile außerhalb des

Schemas. Denkbar wäre ein Schema von zwei Reimpaaren und einer abschließenden Zeile, die den ersten Reim wieder aufnimmt. Das gibt der Strophe aber eine so geschlossene Form, dass sie sich schlecht mit einer nachfolgenden verknüpfen lässt. Der englische Limerick macht sich diese Geschlossenheit zunutze und erreicht durch sie seine pointierte Schärfe. Eine andere Möglichkeit ist das Reimschema abaab. Es bietet dem Lyriker die Möglichkeit, eine für die Grundstimmung des Gedichts charakteristische Tonqualität in den dreimaligen Reim zu legen und ihr dadurch ein besonderes Gewicht zu geben. Mit großer Kunst erreicht Theodor Storm dies in seinem berühmten Gedicht »Die Stadt«, das so beginnt:

> Am grauen Strand, am grauen Meer
> Und seitab liegt die Stadt;
> Der Nebel drückt die Dächer schwer,
> Und durch die Stille braust das Meer
> Eintönig um die Stadt.

Die dreimalige Wiederholung des langen e, das wegen seiner Mittellage zwischen i und u als ein besonders blasser Vokal empfunden wird, unterstreicht vor dem inneren Auge des Lesers das Grau-in-Grau der in Nebel gehüllten Stadt. Da dieses Reimschema aber immer etwas absichtsvoller wirkt als gewöhnliche Paar- oder Kreuzreime, wird man es nur in relativ kurzen Gedichten als wirkungsvoll empfinden. Wenn es sich über eine gewisse Zahl von Strophen hinweg fortsetzt, entsteht leicht der Eindruck von kunstgewerblicher Spielerei.

## Sechszeilige Strophen

Sechszeilige Strophen erfreuen sich gleich nach den vierzeiligen der größten Beliebtheit. Sie gestatten dem Dichter, das Prinzip des Paarreims mit dem des Kreuzreims zu verbinden. Das geschieht in einer bei Volksliedern oft anzutreffenden Form mit dem Reimschema aabccb, so z. B. in Matthias Claudius' berühmtem »Abendlied«:

> Der Mond ist aufgegangen
> Die goldnen Sternlein prangen
> Am Himmel hell und klar;
> Der Wald steht schwarz und schweiget,
> Und aus den Wiesen steigt
> Der weiße Nebel wunderbar.

Ein anderer Typ von sechszeiliger Strophe hat das Reimschema ababcc. Hier gibt das abschließende Reimpaar dem ausgeführten Gedanken ein besonderes Gewicht, weshalb diese Form eher für gedankliche Lyrik verwendet wird. Goethe gebraucht sie in seiner Marienbader »Elegie«:

> Was soll ich nun vom Wiedersehen hoffen,
> Von dieses Tages noch geschloßner Blüte?
> Das Paradies, die Hölle steht dir offen;
> Wie wankelsinnig regt sich's im Gemüte! –
> Kein Zweifel mehr! Sie tritt ans Himmelstor,
> Zu ihren Armen hebt sie dich empor.

## Siebenzeilige Strophen

Die siebenzeilige Strophe ist ebenso selten wie die fünfzeilige und aus den gleichen Gründen. Auch hier hat der Dichter die Wahl, einen der Reime ein drittes Mal zu wiederholen und ihm dadurch ein besonderes Gewicht zu geben. Eine andere Möglichkeit ist die, dass in der siebenten Zeile ganz auf den Reim verzichtet wird. Solche reimlosen Zeilen in einem ansonsten durchgängig gereimten Gedicht nennt man *Waisen*. Goethe bedient sich des Mittels in seiner Ballade »Der Totentanz«. Er erreicht durch diesen Kunstgriff, dass die Übergänge zwischen den Strophen verwischt werden und der spukhafte Vorgang, den die Ballade erzählt, mit großem Tempo und ohne erkennbare Einschnitte vor dem inneren Auge des Lesers abläuft.

> Der Türmer, der schaut zu Mitten der Nacht
> Hinab auf die Gräber in Lage;
> Der Mond, der hat alles ins Helle gebracht,
> Der Kirchhof, er liegt wie am Tage.
> Da regt sich ein Grab und ein anderes dann:
> Sie kommen hervor, ein Weib da, ein Mann,
> In weißen und schleppenden Hemden.

## Achtzeilige Strophen

Die achtzeilige Balladenstrophe wurde bereits erwähnt. Wichtiger als sie und für die gesamte europäische Versdichtung von großem Einfluss ist die achtzeilige Strophe, in der Ariost und Tasso ihre Versepen schrieben. Man nennt sie *Ottaverime* oder einfach nur *Stanze*, was soviel wie Strophe bedeutet. Sie besteht in der italienischen Originalform aus elfsilbigen Versen mit dem Reimschema abababcc. Goethe verwendet sie in der »Zueignung«, die er seiner *Faust*-Dichtung voranstellte:

> Ihr naht euch wieder, schwankende Gestalten,
> Die früh sich einst dem trüben Blick gezeigt.
> Versuch' ich wohl, euch diesmal festzuhalten?
> Fühl' ich mein Herz noch jenem Wahn geneigt?
> Ihr drängt euch zu? nun gut, so mögt ihr walten,
> Wie ihr aus Dunst und Nebel um mich steigt;
> Mein Busen fühlt sich jugendlich erschüttert
> Vom Zauberhauch, der euren Zug umwittert.

## Neun- und zehnzeilige Strophen

Die neunzeilige *Nonarime* und die zehnzeilige *Dezime* spielen in der deutschen Lyrik kaum eine Rolle. Für die englische Dichtung ist dagegen die neunzeilige *Spenserian stanza*, die von Edmund Spenser (1552–99) für seine *Faerie Queene* geschaffene Stanze, von großer Bedeutung, da sie später vielfach übernommen wurde. Ihr Reimschema ist ababbcbcc. Das besondere daran ist, dass auf acht fünfhebige Jamben zum Schluss eine sechshebige jambische Zeile folgt. Das gibt dem Strophenende eine deutliche Markierung, was vor allem bei mündlichem Vortrag wichtig ist, bei dem der Zuhörer sonst Mühe hätte, die strophische Gliederung zu erkennen. Auf ein Beispiel wollen wir verzichten, da die Strophe in der deutschen Dichtung nicht verwendet wurde.

## Odenstrophen

Eine Sonderstellung nehmen die antiken Odenstrophen ein. Sie sind nicht durch Reime, sondern durch ein sehr strenges metrisches Schema gebunden. Klopstock und Hölderlin haben sie in die deutsche Lyrik eingeführt, und noch in unserem Jahrhundert sind sie bei formstrengen Dichtern wie Josef Weinheber anzutreffen. Die griechischen Dichter Alkaios (um 620 v. Chr.), Asklepiades (3. Jh. v. Chr.) und die Dichterin Sappho (geb. um 612 v. Chr.) haben ihre eigenen Formen geschaffen, die später mit ihren Namen bezeichnet wurden. Diese Odenstrophen sollen hier kurz vorgestellt werden.

Die alkäische Odenstrophe:

> Nur Einen Sómmer gönnt, ihr Gewáltigén!
> Und einen Hérbst zu reifem Gesánge mir,
>    Daß willigér mein Hérz, vom süßen
>      Spiele gesättiget, dánn mir stérbe.
>
> (Aus: Friedrich Hölderlin, »An die Parzen«)

Die asklepiadëische Odenstrophe:

> Schön ist, Mútter Natúr, deíner Erfíndung Prácht,
> Áuf die Flúren verstreút, schöner ein fróh Gesícht,
> Dás den größen Gedánken
> Deíner Schöpfung noch eínmal dénkt.

(Aus: Friedrich Gottlieb Klopstock, »Der Zürchersee«)

Die sapphische Odenstrophe:

> Eínen Sómmer gönnt, ihr Gewáltgén! Einen
> Hérbst mir núr zu reífem Gesánge, dáß mein
> Hérz, vom süßen Spíele gesättigt, dánn mir
> wílliger stérbe.

(Aus: Josef Weinheber, »Variationen auf eine Hölderlinsche Ode«)

Die sapphische Ode ist unter den dreien am schwersten in der deutschen Sprache nachzubilden. Deshalb gibt es von Hölderlin in dieser Form nur ein einziges Beispiel, das ebenso unbefriedigend ist wie Weinhebers Variation von Hölderlins Strophe. Die beiden anderen Formen geben einigen der schönsten Gedichte von Klopstock und Hölderlin einen feierlichen Ton von großer Sprachkraft, der aber dem modernen Leser fremd ist, so dass die antiken Odenformen heute wohl nur noch parodistisch verwendet werden können.

## Antike Gedichtformen

### Epigramm

Als *Epigramm* bezeichnet man jeden knappen, sentenzhaften Vers. Doch die klassische Form ist das *Distichon*, das wir bereits im Zusammenhang mit dem Hexameter und Pentameter erwähnten, aus denen es besteht. Goethe und Schiller haben die Form in ihren Xenien meisterhaft eingesetzt und darin eine Reihe von Zweizeilern formuliert, die in den deutschen Zitatenschatz eingegangen sind. Im Barock wurde statt des Distichons der Alexandriner verwendet, der formal an den Pentameter erinnert und wie dieser die epigrammatische Zuspitzung vor allem durch den antithetischen Bau erhält. Der tiefsinnigste unter den barocken Epigramm-Dichtern ist der Schlesier Johannes Scheffler (1624–77), der sich Angelus Silesius (schlesischer Sendbote bzw. Engel) nannte und unter diesem Namen in die Literaturgeschichte einging. Hier ein Beispiel:

> Mensch, werde wesentlich: denn wann die Welt vergeht,
> So fällt der Zufall weg, das Wesen, das besteht.

## Ode

*Ode* (griech. ›Gesang‹) bezeichnete in der griechischen Tragödie den ersten Teil des feierlichen Liedes, den der Chor vortrug, indem er sich tanzend auf den Altar zu bewegte. Auf dem Wege zurück folgte der zweite Teil, die *Antode*. Danach sang der Chor stehend den dritten Teil, die *Epode*. Pindar gebrauchte dieses dreiteilige Schema auch außerhalb der Tragödie als lyrische Form, die man deshalb *pindarische Ode* nennt. Später wurde der Begriff Ode auch auf mehrstrophige feierliche Gedichte angewendet, für die Alkaios, Asklepiades und Sappho die schon erwähnten strengen Strophenformen entwickelten. Lateinische Oden wurden noch in der Zeit des Humanismus geschrieben.

Im Barock gelangte die Odenform auch in die europäischen Volkssprachen, wo sie in Deutschland zunächst von Martin Opitz und Rodolf Weckherlin gepflegt wurde, bis Klopstock ihr ein breites Publikum verschaffte. Die deutsche Sprache scheint sich für die Nachbildung der antiken Metren besser zu eignen als die englische und französische. Deshalb nimmt die klassische Odenform in unserer Lyrik einen weit größeren Raum ein, während z. B. englische Dichter für ihre Oden eigene Strophenformen entwickelten. Heute wendet man den Begriff Ode auf jedes feierliche Gedicht an, wobei ein charakteristisches Merkmal darin besteht, dass der Dichter einen Adressaten anredet, z. B. eine Person, eine Stadt, einen Fluss (Hölderlin, »Der Neckar«), ein Tier (Keats, »Ode to a Nightingale«), eine Naturkraft (Shelley, »Ode to the West Wind«), ein Kunstwerk, einen Gott oder einen abstrakten Wert.

Die folgende Ode von Hölderlin ist in der asklepiadeischen Form verfasst.

## Heidelberg

Lange lieb ich dich schon, möchte dich, mir zur Lust,
  Mutter nennen, und dir schenken ein kunstlos Lied,
    Du, der Vaterlandsstädte
      Ländlichschönste, so viel ich sah.

Wie der Vogel des Walds über die Gipfel fliegt,
  Schwingt sich über den Strom, wo er vorbei dir glänzt,
    Leicht und kräftig die Brücke,
      Die von Wagen und Menschen tönt.

Wie von Göttern gesandt, fesselt' ein Zauber einst
  Auf die Brücke mich an, da ich vorüber ging,
    Und herein in die Berge
      Mir die reizende Ferne schien.

Und der Jüngling, der Strom, fort in die Ebne zog,
  Traurigfroh, wie das Herz, wenn es, sich selbst zu schön,
    Liebend unterzugehen,
      In die Fluten der Zeit sich wirft.

Quellen hattest du ihm, hattest dem Flüchtigen
  Kühle Schatten geschenkt, und die Gestade sahn
    All' ihm nach, und es bebte
      Aus den Wellen ihr lieblich Bild.

Aber schwer in das Tal hing die gigantische,
  Schicksalskundige Burg nieder bis auf den Grund,
    Von den Wettern zerrissen;
      Doch die ewige Sonne goß

Ihr verjüngendes Licht über das alternde
  Riesenbild, und umher grünte lebendiger
    Efeu; freundliche Wälder
      Rauschten über die Burg herab.

Sträuche blühten herab, bis wo im heitern Tal,
  An den Hügel gelehnt, oder dem Ufer hold,
    Deine fröhlichen Gassen
      Unter duftenden Gärten ruhn.

Von ganz anderer Art ist die folgende Ode, die der englische Romantiker John Keats 1819 schrieb. Da er nicht die strengen Regeln einer komplizierten metrischen Form einhalten musste, konnte sich in seinem Gedicht sehr viel mehr romantische Subjektivität entfalten. Statt eines feierlichen Gedichts auf einen zu verherrlichenden Adressaten lesen wir hier ein subjektives Bekenntnis zu den seligen Qualen der Melancholie.

## Ode on Melancholy

No, no, go not to Lethe, neither twist
  Wolf's-bane, tight-rooted, for its poisonous wine;
Nor suffer thy pale forehead to be kissed
  By nightshade, ruby grape of Proserpine;
Make not your rosary of yew-berries,
  Nor let the beetle, nor the death-moth be
    Your mournful Psyche, nor the downy owl
A partner in your sorrow's mysteries;
  For shade to shade will come too drowsily,
    And drown the wakeful anguish of the soul.

But when the melancholy fit shall fall
  Sudden from heaven like a weeping cloud,
That fosters the droop-headed flowers all,
  And hides the green hill in an April shroud;
Then glut thy sorrow on a morning rose,
  Or on the rainbow of the salt sand-wave,
    Or on the wealth of globèd peonies;
Or if thy mistress some rich anger shows,
  Imprison her soft hand, and let her rave,
    And feed deep, deep upon her peerless eyes.

She dwells with Beauty – Beauty that must die;
  And Joy, whose hand is ever at his lips
Bidding adieu; and aching Pleasure nigh,
  Turning to poison while the bee-mouth sips.
Aye, in the very temple of Delight
  Veiled Melancholy has her sovran shrine,
    Though seen of none save him whose strenuous tongue
Can burst Joy's grape against his palate fine;
  His soul shall taste the sadness of her might,
    And be among her cloudy trophies hung.

## *Ode an die Melancholie*

Nein, nein, geh nicht zu Lethes trübem Fluss,
  Keltre nicht Wein vom giftgen Eisenhut,
Reich nicht dem Nachtschatten die Stirn zum Kuss,
  Frucht der Proserpina voll dunkler Glut.
Flicht keinen Rosenkranz aus Eibenbeeren,
  Mach dir zur Psyche nicht die nächt'ge Motte,
    Die Eule nicht zum Partner deiner Wahl
In deiner Trauer abgeschiedner Grotte.
  Denn solche Schatten, die mit Schlaf beschweren,
    Ertränken nur der Seele wache Qual.

## Antike Gedichtformen

Doch wenn Melancholie dich überfällt
 Wie einer Frühlingswolke Tränenschauer,
Der welke Blumenhäupter aufrechtstellt
 Und grüne Hügel sanft umhüllt mit Trauer,
Dann sauge Schwermut aus dem Schmelz der Rose,
 Aus einem Regenbogen überm Strand,
  Aus der Päonien rundem, prallem Schwellen.
Und trotzt die Liebste dir in stolzer Pose,
 Lass zürnen sie, nimm ihre weiche Hand
  Und trinke tief aus ihrer Augen Quellen.

Ihr Reich ist Schönheit – Schönheit, die vergeht,
 Und Freude, die zum Gruß stets Abschied winkt,
Und Wollust, honigsüß, von Schmerz durchweht,
 Die Gift wird, während noch die Biene trinkt.
Ja, tief im innersten Bezirk der Lust
 Steht der Melancholie erhabner Schrein,
  Sichtbar nur dem, des' Zunge auch den jähen
Schmerz in der Frucht des Glücks schmeckt. Er allein
 Kennt sie, ihm reißt das Herz sie aus der Brust
  und hängt's zu ihren wolkigen Trophäen.

(Übers. vom Verfasser)

Dies ist eine von fünf großen Oden, die Keats im Alter von dreiundzwanzig Jahren schrieb und die an sprachlicher Vollkommenheit ihresgleichen suchen.

### Hymne

Die *Hymne* geht zwar auf die antike Tradition der pindarischen Hymne zurück, doch anders als das Epigramm und die Ode hat sie aus der Antike kein verbindliches Formmodell erhalten. Deshalb ist ihr einziges Gattungsmerkmal der hymnische Grundton, der sich vom feierlichen Odenton durch größeres Tempo und mehr Emphase unterscheidet. In der deutschen Lyrik wird man mit der Form zu allererst die frühen Hymnen Goethes verbinden, also »Prometheus«, »An Schwager Kronos«, »Mahomets-Gesang« und die folgende:

*Ganymed*

Wie im Morgenrot
Du rings mich anglühst,
Frühling, Geliebter!
Mit tausendfacher Liebeswonne
Sich an mein Herz drängt
Deiner ewigen Wärme
Heilig Gefühl,
Unendliche Schöne!

Daß ich dich fassen möcht'
In diesen Arm!

Ach, an deinem Busen
Lieg' ich, schmachte,
Und deine Blumen, dein Gras
Drängen sich an mein Herz.
Du kühlst den brennenden
Durst meines Busens,
Lieblicher Morgenwind,
Ruft drein die Nachtigall
Liebend nach mir aus dem Nebeltal.

Ich komme! Ich komme!
Wohin? Ach, wohin?

Hinauf! Hinauf strebt's,
Es schweben die Wolken
Abwärts, die Wolken
Neigen sich der sehnenden Liebe,
Mir, mir!

> In eurem Schoße
> Aufwärts,
> Umfangend umfangen!
> Aufwärts
> an deinem Busen,
> Alliebender Vater!

Das ist der ekstatische Ton, der für die Zeit des Sturm und Drang charakteristisch war. Später wich er dem natürlichen Ton des Liedes und dem klassisch-feierlichen Ton der Ode. Die »Hymnen an die Nacht« von Novalis haben keinen hymnischen, sondern einen feierlich beschwörenden Ton. Erst im Expressionismus kehrt die hymnische Ekstase für kurze Zeit wieder, am emphatischsten bei Alfred Mombert.

## Elegie

Als *Elegie* bezeichnete man im Altertum jedes Gedicht, das in Distichen verfasst war. Erst später kam als inhaltliches Bestimmungsmerkmal der klagende Grundton hinzu. Noch zur Goethezeit schwankte der Begriff zwischen diesen beiden Definitionen. Goethe nannte seine in Distichen verfassten Gedichte, in denen er Erlebnisse aus Italien verarbeitete, *Römische Elegien*, obwohl es sich dabei durchaus nicht um Klagelieder, sondern um sehr sinnenfrohe Liebesdichtungen handelte. Andererseits hatte der Engländer Thomas Gray (1716–71) 1751 eine *Elegy Written in a Country Church-Yard* veröffentlicht, die statt des Distichons eine vierzeilige Strophe in kreuzweise gereimten fünfhebigen Jamben verwendete. Dieses Gedicht wurde rasch in ganz Europa berühmt und erfreut sich in England noch heute großer Beliebtheit. Es ist eine Meditation über die verstorbenen Dorfbewohner, denen alle Chancen der Persönlichkeitsentfaltung verwehrt waren, denen zugleich aber auch das große Schuldigwerden der historischen Helden erspart blieb. Grays Gedicht trug mit dazu bei, dass sich die inhaltliche Bestimmung der Elegie als Klagegedicht durchsetzte. In der deutschen Lyrik sind solche Klagedichtungen nur schwach vertreten. In neuerer Zeit sind Rilkes zehn *Duineser Elegien* die einzigen prominenten Beispiele für den elegischen Ton. Aber auch hier sind nur die ersten fünf Klagegedichte im engeren Sinn, während in den letzten fünf der Ton in ein feierlich getragenes Rühmen übergeht. Den entschiedensten Versuch, die formale mit der inhaltlichen Bestimmung zu einer klassisch-strengen Form zu verschmelzen, unternahm Schiller in seinem Gedicht »Nänie«. Das Wort kommt von lateinisch nęnia und bedeutet ›Leichengesang‹.

### Nänie

Auch das Schöne muß sterben! Das Menschen und Götter bezwinget,
 Nicht die eherne Brust rührt es des stygischen Zeus.
Einmal nur erweichte die Liebe den Schattenbeherrscher,
 Und auf der Schwelle noch, streng, rief er zurück sein Geschenk.
Nicht stillt Aphrodite dem schönen Knaben die Wunde,
 Die in den zierlichen Leib grausam der Eber geritzt.
Nicht errettet den göttlichen Held die unsterbliche Mutter,
 Wann er, am skäischen Tor fallend, sein Schicksal erfüllt.
Aber sie steigt aus dem Meer mit allen Töchtern des Nereus,
 Und die Klage hebt an um den verherrlichten Sohn.
Siehe da weinen die Götter, es weinen die Göttinnen alle,
 Daß das Schöne vergeht, daß das Vollkommene stirbt.
Auch ein Klaglied zu sein im Mund der Geliebten, ist herrlich,
 Denn das Gemeine geht klanglos zum Orkus hinab.

Diese kurze Elegie ist vielleicht das vollkommenste Beispiel eines deutschen Gedichts in Distichen, da es das antike Metrum erfüllt, ohne der Sprache Gewalt anzutun.

## Germanische Gedichtformen

### Spruch

Epigrammatische Verse gab es auch in der frühen germanischen Dichtung. Im Unterschied zum klassischen Distichon bildete sich dort aber keine feste Form aus, so dass Kürze und Prägnanz die einzigen Bestimmungsmerkmale sind. Die bannende Kraft, die die Menschen damals in formalisierter Sprache gespürt haben müssen und die in abgeschwächter Form noch heute in Werbesprüchen wirksam ist, kommt am deutlichsten in den sogenannten Merseburger Zaubersprüchen zum Ausdruck, die zu dem wenigen gehören, was aus althochdeutscher Zeit an Versdichtung überliefert ist. Hier ein Beispiel:

>Eiris sazun idisi,   sazun hera duoder.
>suma hapt heptidun,   suma heri lezidun,
>suma clubodun   umbi cuoniouuidi:
>insprinc haptbandun,   invar uigandun!

Einst setzten sich die Idisen\*, setzten sich hierhin und dorthin. Einige fesselten, andere hemmten das (feindliche) Heer. Wieder andere lösten die Fesseln (des Freundes). Entspring den Fesseln, flieh vor den Feinden!

Die Produktion von Spruchdichtung hat bis heute nicht nachgelassen. Goethe hat neben seinen klassischen Distichen auch zahlreiche Sprüche in der freieren germanischen Form geschrieben, teils als zwei- und teils als Vierzeiler. Hier je ein Beispiel:

>Willst du ins Unendliche schreiten,
>Geh nur im Endlichen nach allen Seiten.

---

\* Walküren ähnliche Wesen.

> Liegt dir gestern klar und offen,
> Wirkst du heute kräftig frei,
> Kannst auch auf ein Morgen hoffen,
> Das nicht minder glücklich sei.

Unter dem Einfluss Brechts wurde die Spruchdichtung nach dem Krieg zu einer der meistgebrauchten lyrischen Ausdrucksformen. Ein vielzitiertes Beispiel von Brecht selber ist das folgende:

### Die Lösung

> Nach dem Aufstand des 17. Juni
> Ließ der Sekretär des Schriftstellerverbands
> In der Stalinallee Flugblätter verteilen
> Auf denen zu lesen war, daß das Volk
> Das Vertrauen der Regierung verscherzt habe
> Und es durch verdoppelte Arbeit
> Zurückerobern könne. Wäre es da
> Nicht doch einfacher, die Regierung
> Löste das Volk auf und
> Wählte ein anderes?

In der Nachfolge Brechts schrieb der frühverstorbene Volker von Törne diesen Spruch:

> Mein Großvater starb
> an der Westfront,
> mein Vater starb
> an der Ostfront
> An was
> sterbe ich?

## Lied

Gesungene Lieder gab es schon im Mittelalter in großer Zahl. Sie lassen sich nach zweierlei Gesichtspunkten einteilen: nach ihrer Entstehung in einfache Volkslieder und durchkomponierte Kunstlieder, nach ihrem Gebrauch in weltliche und geistliche Lieder. Das durchkomponierte weltliche Lied, vor allem das des Minnesangs, wurde im Unterschied zum gewöhnlichen Lied als *Leich* bezeichnet. Es hatte Strophen von wechselnder Länge, die einer Gesamtkomposition untergeordnet waren. Auch die Hymnen und Sequenzen des frühen Kirchengesangs waren durchkomponierte Lieder, die als feste Bestandteile zur Liturgie gehörten, von der die Gemeinde ausgeschlossen war. Daneben muss es aber schon eine Vielfalt volkstümlicher Gesänge gegeben haben: Tanzlieder, Ständelieder der Bergleute, Jäger, Bauern und Handwerker sowie Studenten- und Soldatenlieder. Solche Volkslieder mussten der besseren Sangbarkeit wegen in Strophen gegliedert sein, die nach der gleichen Melodie zu singen waren. Als nach der Reformation die Gemeinde gleichberechtigt am Gottesdienst teilnehmen durfte, entstand auch hier ein Bedarf an strophischen Liedern, die von Laien ohne vorherige Übung gesungen werden konnten. So kam es zu einer reichen Produktion von Kirchenliedern, die so einfach waren, dass sie vom Volk leicht behalten werden konnten und darum Volksliedcharakter annahmen. Luther selbst hat einige der bekanntesten geschrieben, so z. B. »Ein feste Burg ist unser Gott«. Im Barock war es vor allem Paul Gerhardt, der volksliedhafte Kirchenlieder zum evangelischen Gesangbuch beisteuerte.

Nebenher lief die mündliche Überlieferung der weltlichen Volkslieder, die lange Zeit als künstlerisch minderwertig angesehen wurden, bis es im 18. Jahrhundert zuerst in England zu einer Neubewertung der Volksdichtung kam, als

Bischof Thomas Percy seine epochemachende Sammlung *Reliques of Ancient English Poetry* herausgab, die zum erstenmal die heute bekannten Volksballaden einem breiteren Lesepublikum zugänglich machte. Die Sammlung wurde rasch auch in Deutschland bekannt und regte Herder dazu an, seinerseits mit dem Sammeln von Volksliedern zu beginnen. Während des Sturm und Drang gewann das einst so gering geachtete Volkslied den Status der ursprünglichsten Form von Poesie überhaupt. Seitdem blieb es die meistgebrauchte Form der deutschen Lyrik.

Bei der Betrachtung der Strophen wurde schon gesagt, dass die Standardform der Volksliedstrophe die vierzeilige, meist abwechselnd vier- und dreihebige Strophe ist. Daneben gibt es aber auch rein vierhebige sowie fünf- und sechszeilige Liedstrophen. Das Charakteristische der Liedform ist ihre Gliederung in gleichartige Strophen. Das machte sie zu einer leicht handhabbaren und für die verschiedensten Zwecke verwendbaren Form. Ihr Nachteil bestand darin, dass der Addition von Strophen keine natürliche Grenze gesetzt war, was wir an früherer Stelle bereits erörtert haben. Bei Paul Gerhardt, dem lyrischsten unter den barocken Dichtern, verlieren viele seiner Lieder nach einem eindrucksvollen Anfang mit jeder weiteren Strophe an Wirkung. Das gleiche gilt für manche romantischen Gedichte. Während Eichendorff einen sehr sicheren Instinkt für die optimale Länge eines Gedichts hatte, leiden viele Lieder Brentanos daran, dass sie ihre poetische Substanz durch allzu viele Strophen verwässern. Die deutschen Romantiker schufen in der Liedform Gedichte von bewundernswertem Wohlklang und so natürlichem Ausdruck, dass von ihnen ein großer Zauber ausgeht. Auf der anderen Seite bewirkte die Dominanz der Liedform aber, dass Formen wie Ode und Sonett, die mehr Intellektualität gestatten, zu kurz kamen. Die Vorliebe für das Lied hielt bis in die Moderne an. Noch bei Georg Trakl, Gottfried Benn, Oskar Loerke und im Frühwerk von Peter Huchel und Karl Krolow herrscht die vierzeilige Volksliedstrophe vor, während in der englischen Moderne bei T. S. Eliot, W. B. Yeats und W. H. Auden eine viel größere Formenvielfalt anzutreffen ist.

## Ballade

Das Wort ›Ballade‹ ist zwar identisch mit dem Namen der ›romanischen Ballade‹ (von mittellateinisch *ballare* = tanzen; also Tanzlied), doch hat die deutsche *Ballade* nichts mit jener gemein. Im Englischen wurde das Wort *ballade* für die strenge französische Form beibehalten, während man die erzählende Volksballade *ballad* nannte. Als im 18. Jahrhundert in England zum erstenmal Volksballaden gesammelt und als Kunstwerke anerkannt wurden, führte dies auch in Deutschland zu einer Neubewertung der Volksdichtung und durch Herder zu erster Sammeltätigkeit. Als Bezeichnung für die Volksballaden übernahm man das englische *ballad* und bildete daraus ›Ballade‹. Eine mögliche Verwechslung mit der französischen Kunstform brauchte man nicht zu befürchten, da letztere im Deutschen so gut wie unbekannt war. Auch heute ist die strenge französische *ballade* nur den Spezialisten bekannt, während die volkstümliche Ballade zur beliebtesten Form von Lyrik überhaupt wurde.

Das gemeinsame Merkmal der Volksballaden ist ihr strophischer Aufbau und ihr erzählender Grundcharakter. Die von Bischof Percy gesammelten und 1762 herausgegebenen Volksballaden, die hauptsächlich aus dem englisch-schottischen Grenzgebiet stammten und deshalb *border ballads* genannt werden, wurden bald ins Deutsche übersetzt und von Dichtern nachgeahmt. Dabei bildeten sich zwei sehr unterschiedliche Balladentypen aus. Auf der einen Seite standen die echten Volksballaden und die, die den Volkston nachahmten, auf der anderen Seite die reinen Kunstballaden, die nur den erzählenden Charakter und den strophischen Aufbau mit der volkstümlichen Form gemein hatten. Unter den Volksballaden wiederum gab es zwei unterschiedliche Formen, eine episch-erzählende und eine dramatisch-dialogische. Das Muster für den erzählenden Typ war die Chevy Chase-Ballade mit der nach ihr benannten Strophenform, die wir bereits vorgestellt haben. Das Muster für den dramatischen Typ war eine ebenfalls aus Schottland stammende Ballade, die so beginnt:

### Edward

»Was tropft Dein Schwert so rot von Blut,
                    Edward, Edward?
Was tropft Dein Schwert so rot von Blut,
    Was ist Dein Gang so schwer, Oh?«
»Oh, ich erschlug meinen Falken so gut,
                    Mutter, Mutter,
Oh, ich erschlug meinen Falken so gut
    Und habe keinen anderen mehr, Oh.«

Im Fortgang des Dialogs sagt Edward als nächstes, er habe sein Schlachtross getötet, bis er danach gesteht, dass er seinen Vater umgebracht hat. Damit endet der Dialog aber noch nicht. Jetzt fragt die Mutter den Sohn, was er als Sühne tun werde. Als er sagt, er wolle übers Meer fahren, fragt sie ihn, was er seiner Frau und seinen Kindern zurücklasse. »Die ganze Welt, laß sie betteln drin«, lautet die Antwort. Als sie weiter fragt, was er ihr, der Mutter, hinterlassen wolle, kommt endlich die Wahrheit ans Licht; denn Edward antwortet:

»Den Fluch der Hölle von mir sollst Du tragen,
                    Mutter, Mutter:
Den Fluch der Hölle von mir sollst Du tragen,
    Denn der Ratschlag, er kam von Dir, Oh.«

(Übers. vom Verfasser)

Anders als in der gewissermaßen klassischen Balladenform wird hier kein Geschehen erzählt, sondern etwas bereits Geschehenes aufgedeckt. Das erfolgt in der Form eines archaisch anmutenden stilisierten Wortwechsels. Vom Dialog macht auch Goethe im »Erlkönig« Gebrauch und gibt dem Gedicht dadurch den authentischen Ton einer Volksballade.

Von ganz anderer Art sind die Balladen Schillers. Er machte gar nicht erst den Versuch, den Volkston zu treffen, sondern wählte von Fall zu Fall eine bestimmte Strophenform und erzählte darin eine moralisierende Geschichte. »Der Ring des Polykrates«, »Die Kraniche des Ibykus«, »Die Bürgschaft« und »Der Handschuh« sind solche typischen Kunstballaden, wobei die letztgenannte auch noch die feste Strophenform aufgibt und statt dessen Formen wählt, die der jeweiligen Handlungsphase besonders angemessen sind.

In Conrad Ferdinand Meyers Ballade »Die Füße im Feuer« wird schließlich sogar der Reim aufgegeben und die strophische Gliederung durch Absätze ersetzt, wie sie in der Prosa üblich sind. Diese Ballade wirkt eher wie eine sehr dramatische, in sechshebigen Jamben erzählte Kurzgeschichte. Immerhin schöpft Meyer noch den Stoff aus der Geschichte, wie es für die Kunstballade lange Zeit typisch war. Theodor Fontane schrieb aber auch Balladen über Ereignisse der Zeitgeschichte wie beispielsweise einen Brückeneinsturz in »Die Brück' am Tay« oder ein Schiffsunglück in Amerika in »John Maynard«. Hier verwandelt sich die Ballade noch stärker in eine wirkungsvoll in Verse gefasste, ereignisbetonte Kurzgeschichte. Die Ballade hat sich als dichterische Form bis in die Moderne gehalten, wo sie vor allem von Brecht gepflegt wurde; ein Beispiel ist seine »Ballade vom Weib und dem Soldaten«. Unter Brechts Einfluss wurden auch später noch Balladen geschrieben, so von dem politischen Volkssänger Wolf Biermann, bei dem die Form zu ihren Anfängen zurückkehrte; denn auch die alten Volksballaden wurden ursprünglich gesungen.

## Romanische Gedichtformen

### Kanzone, Sirventes und romanische Ballade

Die drei Gedichtformen sind in der deutschen Lyrik kaum anzutreffen und werden hier nur der Vollständigkeit halber aufgeführt. Die ersten beiden sind einander formal weitgehend gleich. Sie unterscheiden sich nur dadurch, dass die *Kanzone* im Minnesang dem Frauendienst gewidmet war, während das *Sirventes* (von lat. *servire* = dienen) ein Dienstgedicht für den Feudalherrn war. Beide sind strophisch gegliederte Gedichte, die mit einer kürzeren Schlussstrophe, dem *Geleit*, enden. Mit einem Geleit, französisch *envoi*, endet auch die *romanische Ballade*, die bereits an früherer Stelle erwähnt wurde. Ursprünglich ein Tanzlied, wurde im 14. Jahrhundert daraus eine feste Form, bestehend aus drei Strophen und der abschließenden Widmungsstrophe, dem *envoi*. Ein weiteres Merkmal ist die refrainartige Wiederholung der letzten Zeile. Der berühmteste Dichter solcher Balladen ist François Villon; zumindest der Refrain seiner bekanntesten Ballade lebt als Zitat weiter:

> Wo ist der Schnee vom vergangenen Jahr.

### Rondeau, Rondel und Triolett

Auch diese drei Formen spielen in der deutschen Lyrik kaum eine Rolle. Ihr gemeinsames Merkmal ist, dass sie ein Element des Anfangs in der Mitte und am Ende wiederholen. Sie sind damit typische Beispiele für die zirkuläre Bauform von Gedichten, die als Begleitung für Rundtänze komponiert wurden. Alle drei haben sie jeweils nur zwei Reime. Beim *Rondeau* wird nur ein Teil der ersten Zeile als Refrain in der Mitte und am Ende wiederholt wie in diesem Gedicht von Georg Rodolf Weckherlin (1584–1653):

## Romanische Gedichtformen

*An die Marina*
Ein Rund-um

Ihr wisset was für schwere klagen
Für grosse schmertzen, sorg und plagen
Mich ewre Schönheit zart und rein,
Und ewrer braunen augen schein
Schon lange zeit hat machen tragen.

Was solt ich euch dan weitters sagen
Weil uns die lieb zugleich geschlagen,
Dan das uns ietz kan füglich sein
                Ihr wisset was.

Derhalben länger nicht zu zagen,
So wollet mir nu nicht versagen
Vil taussent küß für taussent pein;
Und weil wir beed ietzund allein
So lasset uns auch vollends wagen
                Ihr wisset was.

Sehr ähnlich ist das *Rondel*, bei dem aber die ganze erste Zeile als Refrain wiederholt wird. Im übrigen besteht es aus zwölf, bei zweizeiligem Refrain aus vierzehn Zeilen, die nur zwei Reime zulassen, wobei kein Reimwort wiederholt werden darf. Bei uns nahezu unbekannt, erfreute es sich in der französischen Lyrik der gleichen Beliebtheit wie das Rondeau. Eines der bekanntesten Beispiele aus neuerer Zeit ist das folgende Abschiedsgedicht von Edmond Haraucourt (1858–1942):

*Rondel de l'adieu*

Partir, c'est mourir un peu,
C'est mourir à ce qu'on aime:
On laisse un peu de soi-même
En toute heure et dans tout lieu.

> C'est toujours le deuil d'un vœu,
> Le dernier vers d'un poème:
> Partir c'est mourir un peu.
>
> Et l'on part, et c'est un jeu,
> Et jusqu'à l'adieu suprême
> C'est son âme que l'on sème,
> Que l'on sème à chaque adieu:
> Partir, c'est mourir un peu.
>
> Scheiden ist wie ein wenig sterben,
> sterben für das, was man liebt:
> Man lässt von sich selber etwas zurück
> in jeder Stunde, an jedem Ort.
>
> Es ist die Trauer um eine Hoffnung,
> der letzte Vers in einem Gedicht:
> Scheiden ist wie ein wenig sterben.
>
> Man trennt sich, und es ist ein Spiel,
> und bis zum letzten Adieu
> ist es die eigene Seele, die man aussät,
> die man aussät mit jedem Adieu.
> Scheiden ist wie ein wenig sterben.
>
> (Übers. vom Verfasser)

Noch kürzer ist das *Triolett*. Das Spielerische der Form zeigt sich schon daran, dass viele Triolette sich selbst zum Gegenstand haben. Sie fangen mit Zeilen an wie »Ein Triolett soll ich ihr singen?« (Johann Wilhelm Ludwig Gleim) oder »Ein gutes Triolett zu machen« (Johann Nikolaus Götz). Die genannten Dichter sind typische Vertreter des Rokoko, das solche tändelnden Formen besonders liebte. Noch typischer ist Friedrich von Hagedorn (1708–54), der nach einem französischen Vorbild das folgende Triolett schrieb:

## Der erste May

Der erste Tag im Monat May
Ist mir der glücklichste von allen.
  Dich sah ich, und gestand dir frey,
Den ersten Tag im Monat May,
  Daß dir mein Herz ergeben sey.
  Wenn mein Geständniß dir gefallen;
So ist der erste Tag im May
Für mich der glücklichste von allen.

Strenggenommen hätte Hagedorn die Zeilen unverändert wiederholen müssen, was im Deutschen aus grammatischen Gründen nicht so leicht ist wie im Französischen oder Englischen. Deshalb trifft man die Form, wie übrigens auch das Rondeau und das Rondel, in deutschen Anthologien viel seltener an als in französischen oder englischen. In letzteren findet sich meist ein Triolett von William Ernest Henley (1849–1903), das typischerweise mit der Zeile beginnt: »Easy is the triolet«.

## Villanella und Ritornell

Auch die *Villanella* ist in deutschen Lyrikanthologien sehr selten. Der Name kommt von *villanus* (= bäuerlich) und bezeichnet ein für den Rundtanz komponiertes ländliches Lied, bei dem mehrere Strophen aufeinander folgen, die bei strenger Ausführung mit zwei abwechselnden Refrainzeilen enden. In der englischen Lyrik, wo sich das Spiel mit komplizierten Formen größerer Beliebtheit erfreut, ist die Villanella gelegentlich anzutreffen; so bei Dylan Thomas:

Do not go gentle into that good night,
Old age should burn and rave at close of day;
Rage, rage against the dying of the light.

> Though wise men at their end know dark is right,
> Because their words had forked no lightning they
> Do not go gentle into that good night.
>
> Good men, the last wave by, crying how bright
> Their frail deeds might have danced in a green bay,
> Rage, rage against the dying of the light.
>
> Wild men who caught and sang the sun in flight,
> And learn, too late, they grieved it on its way,
> Do not go gentle into that good night.
>
> Grave men, near death, who see with blinding sight
> Blind eyes could blaze like meteors and be gay,
> Rage, rage against the dying of the light.
>
> And you, my father, there on the sad height,
> Curse, bless, me now with your fierce tears, I pray.
> Do not go gentle into that good night.
> Rage, rage against the dying of the light.

Da es nur um die Illustration des Formschemas geht, wollen wir auf eine Übersetzung verzichten. Außerdem würde jeder Versuch einer Nachdichtung die kunstvolle Form zerstören. Das Besondere an dem Gedicht ist, dass hier die leichte Form eines italienischen Tanzlieds zum Vehikel für den schwersten aller Inhalte gemacht wird; denn es geht darin um den Widerstand gegen etwas, wogegen Widerstand machtlos ist, den Tod.

Auch das *Ritornell* ist eine italienische Volksliedform aus dem ländlichen Milieu. Es besteht aus nur drei Zeilen, die nach dem Schema aba gereimt sind, wobei die erste Zeile erheblich kürzer als die beiden anderen ist. Ansonsten ist die Länge der Zeilen und das Metrum nicht genau festgelegt. Deutsche Dichter haben die Form gelegentlich verwendet, um einen ähnlich komprimierten Effekt zu erzielen, wie ihn das japanische Haiku vermittelt. Hier ein Beispiel von Friedrich Rückert:

Blüte der Mandeln!
Du fliegst dem Lenz voraus und streust im Wind
Dich auf die Pfade, wo sein Fuß soll wandeln.

## Madrigal und ›vers libre‹

Da sich die strenge Form des Sonetts, die in der Renaissance das Feld beherrschte, schlecht zur Vertonung eignete, griff man in Italien für Liedertexte und Singspiele auf freiere Formen zurück, wie sie sich im ländlichen Milieu von Bauern und Hirten herausgebildet hatten. Die beliebteste dieser Formen war das *Madrigal*. Man versteht darunter ein einstrophiges Gedicht von gewöhnlich 13 Zeilen unterschiedlicher Länge und wechselnder Versmaße. Bei mehr als 15 Zeilen spricht man von *Madrigalon*. Aus der anfangs gänzlich freien Form ging mit der Zeit ein regelmäßiges Schema von drei Terzinen und zwei Reimpaaren hervor. Doch wurde diese Form nicht als verbindlich empfunden und konnte jederzeit geändert werden. Durch das italienische Singspiel des Barock kam sie auch nach Frankreich und Deutschland. Das folgende Beispiel von Johann Klaj ist typisch für den barocken Gebrauch der Form.

### An eine Linde

Schöne Linde!
Deine Rinde
nehm den Wunsch von meiner Hand:
Kröne mit den sanften Schatten
diese saatbegrasten Matten,
stehe sicher vor dem Brand!
Reißt die graue Zeit hier nieder
      deine Brüder,
soll der Lenzen diese Äst
jedes Jahr belauben wieder
und dich hegen wurzelfest.

Wenn jedes kurze gereimte Gedicht, das nicht in regelmäßige Strophen gegliedert ist, dem Madrigal zugeschlagen werden kann, macht es wenig Sinn, darin eine bestimmte Gedichtform zu sehen. Im 18. Jahrhundert kam deshalb für die Madrigalform in Frankreich die Bezeichnung *vers libre* auf, was als ›freie Verse‹ eingedeutscht wurde. Solche freien Verse, die später auch ungereimt sein konnten, bilden den überwiegenden Teil der heutigen Lyrik.

### Glosse

Auch diese vor allem im Spanischen gepflegte Form ist in der deutschen Lyrik selten. Nur in der Romantik gab es Versuche, sie einzubürgern. Es handelt sich bei ihr um ein Gedicht, das zu einem meist vierzeiligen Text eines anderen Dichters Stellung nehmen und die vorgegebenen vier Zeilen nacheinander als Schlusszeilen der eigenen Strophen einarbeiten muss. Oft sind es witzige Gedichte wie das von Ludwig Uhland auf eine Strophe von Ludwig Tieck:

> Süße Liebe denkt in Tönen,
> Denn Gedanken stehn zu fern,
> Nur in Tönen mag sie gern
> Alles, was sie will, verschönen.

Schönste! du hast mir befohlen,
Dieses Thema zu glossieren;
Doch ich sag' es unverhohlen,
Dieses heißt die Zeit verlieren,
Und ich sitze wie auf Kohlen.
Liebtet ihr nicht, stolze Schönen!
Selbst die Logik zu verhöhnen
Würd' ich zu beweisen wagen,
Daß es Unsinn ist zu sagen:
Süße Liebe denkt in Tönen.

## Romanische Gedichtformen

Zwar versteh' ich wohl das Schema
Dieser abgeschmackten Glossen,
Aber solch verzwicktes Thema,
Solche rätselhafte Possen
Sind ein gordisches Problema.
Dennoch macht' ich dir, mein Stern!
Diese Freude gar zu gern.
Hoffnungslos reib' ich die Hände,
Nimmer bring' ich es zu Ende,
Denn Gedanken stehn zu fern.

Laß, mein Kind, die span'sche Mode!
Laß die fremden Triolette!
Laß die welsche Klangmethode
Der Kanzonen und Sonette!
Bleib bei deiner sapph'schen Ode!
Bleib der Aftermuse fern
Der romantisch süßen Herrn!
Duftig schwebeln, luftig tänzeln
Nur in Reimchen, Assonänzeln,
Nur in Tönen mag sie gern.

Nicht in Tönen solcher Glossen
Kann die Poesie sich zeigen;
In antiken Verskolossen
Stampft sie besser ihren Reigen
Mit Spondeen und Molossen\*.
Nur im Hammerschlag und Dröhnen
Deutschhellenischer Kamönen\*\*
Kann sie selbst die alten, kranken,
Allerhäßlichsten Gedanken,
Alles, was sie will, verschönen.

---

\* ein seltener antiker Versfuß von drei Längen.
\*\* Kamenen, eine andere Bezeichnung für die Musen.

Uhland macht sich hier sowohl über die Nachahmung der romanischen Formen als auch über den deutschen Erhabenheitskult lustig. Für solche ironisch-satirischen Zwecke eignet sich die Glosse vorzüglich; weniger für ernsthaftere Gedichte.

## Romanze

Von den romanischen Formen hat gleich nach dem Sonett die *Romanze* in der deutschen Literatur die größte Verbreitung gefunden. Das ist vor allem Heinrich Heine zu danken, der seinen *Atta Troll* und andere Dichtungen in dieser Form schrieb. Metrisch handelt es sich dabei um vierhebige Trochäen, die ohne strophische Gliederung aufeinanderfolgen, wobei die Zeilenbindung nicht durch den Reim, sondern durch Assonanz erfolgt. Heine hat allerdings auch viele seiner gereimten Gedichte als Romanzen bezeichnet und hat durchweg die traditionelle Gliederung in vierzeilige Strophen beibehalten. In den ungereimten Gedichten begnügt er sich meist mit rhythmischen Ähnlichkeiten der Versschlüsse, so dass von Assonanz im strengen Sinn kaum die Rede sein kann. Durch die überaus geschmeidige Handhabung des trochäischen Metrums erscheinen seine Gedichte dem Leser aber trotzdem wie gereimt:

### Der Asra

Täglich ging die wunderschöne
Sultanstochter auf und nieder
Um die Abendzeit am Springbrunn,
Wo die weißen Wasser plätschern.

Täglich stand der junge Sklave
Um die Abendzeit am Springbrunn,
Wo die weißen Wasser plätschern;
Täglich ward er bleich und bleicher.

> Eines Abends trat die Fürstin
> Auf ihn zu mit raschen Worten:
> Deinen Namen will ich wissen,
> Deine Heimat, deine Sippschaft!
>
> Und der Sklave sprach: ich heiße
> Mohamet, ich bin aus Jemen,
> Und mein Stamm sind jene Asra,
> Welche sterben, wenn sie lieben.

## Sestine

Die komplizierteste Gedichtform ist die von dem provenzalischen Troubadour Arnaut Daniel (Ende 12.–Anf. 13. Jh.) erfundene *Sestine*, die in Deutschland in der spielfreudigen Zeit des Barock von einigen Dichtern übernommen wurde. Es handelt sich um ein Gedicht mit sechs Strophen zu je sechs Zeilen und einer dreizeiligen Schlussstrophe. Das Versmaß ist ein fünfhebiger Jambus. Weckherlin, der Hauptlieferant für Beispiele schwieriger Formen, hat sich auch an der Sestine versucht, doch wirkt das Ergebnis so gequält, dass es dem heutigen Leser kaum Vergnügen bereitet. In der Romantik wandten sich die deutschen Dichter erneut den romanischen Formen zu, wobei die Ergebnisse genießbarer sind als die aus der Zeit des Barock. Die folgende Sestine schrieb Eichendorff in der schwierigsten Variante, wobei er allerdings in der Schlussstrophe die Form nur zur Hälfte erfüllt.

> Von Bergeshöhen Abendstrahlen fließen        1
> Durch goldne Wipfel, die sehnsüchtig rauschen;   2
> Da nun die Flur umblüht so selig Träumen,     3
> Ist auch die Erde wohl ein duft'ger Himmel,   4
> Wo aufgegangen hold der Blumen Sterne,        5
> Als goldne Wolken ziehn der Vögel Lieder.     6

So mögen auch der Schäferflöte Lieder          6
Aus jungem Herzen durch die Zauber fließen!    1
O Töne süß! Nehmt mit euch Düft' und Sterne    5
Und Dunkelgrün und sanfter Quellen Rauschen,   2
Daß sie, besiegt von solch zaubrischem Träumen, 3
Auf Flur und Au' auftut der Augen Himmel.      4

So schwüle stand der dunkelblaue Himmel;       4
Wohl fühlt ich innerst überschwenglich' Lieder, 6
Hört ich von fern silberner Ströme Fließen,    1
Des großen Frühlings ewig lockend Rauschen,    2
Durch meine Nächte wandeln einsam' Sterne, –   5
Doch nicht erholen konnt ich mich vom Träumen. 3

O süßer Kuß, so mich geweckt vom Träumen!      3
O süßer Abgrund in der Augen Himmel,           4
In den nun sanken meiner Blicke Sterne!        5
Jetzt sagen tief die langverhaltnen Lieder,    6
Der Tränen Bronnen, die so süße fließen,       1
Von ew'ger Treu' in kühlen Waldes Rauschen.    2

Betrachtend solcher Schöne süß Berauschen,     2
Die nur von Blumen, Mondglanz scheint zu träumen, 3
Sag ich gar oft: Solch Liebreiz mußt vom Himmel 4
In stiller Nacht von goldnen Sternen fließen,  1
Da, wie der Erd' enthoben, meine Lieder        6
Nun sich besprechen mit euch, Monden, Sterne.  5

Euch Abendhügel und euch, goldne Sterne,       5
Schon funkelnd durch des dunklen Waldes Rauschen, 2
Ihr Augen aus der Nächte Liebesträumen,        3
Euch schwört die junge Brust voll frommer Lieder: 6
Stets werd ich knien unter diesem Himmel,      4
der so mit ew'gem Lenz will auf mich fließen!  1

Ihr Glanzgewand sah ich vom Hügel fließen, 1
Nun senkt euch ganz, süß' Dunkelheit und Sterne, 5
Webend um uns den goldensten der Träume! 3

Die Schlusswörter der ersten Strophe werden in jeder folgenden Strophe wiederholt und nach einem strengen Permutationsschema von Zeile zu Zeile weitergereicht, wobei das Schlusswort der letzten Zeile einer Strophe immer das Schlusswort der ersten Zeile der nächsten Strophe sein muss. Strenggenommen hätten alle sechs Schlusswörter in der dreizeiligen Abschlussstrophe erscheinen müssen. Eichendorff verzichtete jedoch darauf, die drei fehlenden in der Mitte der Zeilen unterzubringen.
Als etwas leichter gilt die Variante, bei der das Permutationsschema der Reime der sechs Hauptstrophen so aussieht:

| | | | | | | |
|---|---|---|---|---|---|---|
| 1. Str. | 1 | 2 | 3 | 4 | 5 | 6 |
| 2. Str. | 6 | 1 | 2 | 3 | 4 | 5 |
| 3. Str. | 5 | 6 | 1 | 2 | 3 | 4 |
| 4. Str. | 4 | 5 | 6 | 1 | 2 | 3 |
| 5. Str. | 3 | 4 | 5 | 6 | 1 | 2 |
| 6. Str. | 2 | 3 | 4 | 5 | 6 | 1 |

Auch bei dieser Form haben es die Engländer leichter. In ihrer Sprache ist sowohl das Reimen als auch das Einhalten des Metrums weniger schwierig. Deshalb findet man dort mehr und meist bessere Sestinen, so beispielsweise bei Algernon Charles Swinburne (1837–1909) und noch in diesem Jahrhundert bei dem Amerikaner Ezra Pound (1885–1972).

## Sonett

Keine Gedichtform erfreute sich in den europäischen Literaturen seit der Renaissance so großer Beliebtheit wie das Sonett, ohne das die Lyrik der romanischen Sprachen kaum vorstellbar ist. Auch in England wurde es von Shakespeare bis in unser Jahrhundert von fast allen Dichtern gepflegt. Nur in der deutschen Literatur spielte es eine untergeordnete Rolle, was daher rührt, dass hier die Lyrik erst in der Goethezeit zur vollen Reife gelangte, als man die reinste Form des Lyrischen im Volkslied sah. Entstanden ist das Sonett etwa um 1230 am Hofe Kaiser Friedrichs II. in Sizilien. Als Vorform lässt sich das achtzeilige *Strambotto* vermuten, von dem es auch eine sechszeilige Variante gab, so dass man das Sonett als Kombination der beiden Formen ansehen könnte. Andere führen es auf die ebenso alte Kanzone zurück, die bei zunächst schwankender Zeilenzahl in einen Aufgesang und einen Abgesang aufgeteilt war. Da das Sonett von Anfang an eine sehr feste Form hatte, ist anzunehmen, dass es nicht aus einer volkstümlichen Tradition hervorgegangen ist, sondern von einem Dichter oder einer Dichterschule bewusst geschaffen wurde. Durch Dante (1265–1321) und Petrarca (1304–74) wurde es zu einem so geschmeidigen Gefäß für lyrische Aussagen, dass sich ab 1470, als Petrarcas *Canzoniere* zum erstenmal im Druck erschien, die Sonettform über ganz Westeuropa ausbreitete und dort zeitweilig eine regelrechte Epidemie des Sonettschreibens auslöste.

Das Sonett besteht aus 14 Zeilen, die sich auf zwei Quartette (Oktave) und zwei Terzette (Sextett) verteilen und in der strengen italienischen Form nach dem folgenden Schema gereimt sind:

abba abba cdc dcd

Das Versmaß ist meist ein fünfhebiger Jambus. Schon dieses Schema lässt erraten, weshalb die Form so beliebt war. In keiner anderen wird das Prinzip »Vielfalt in der Einheit«, das in der Ästhetik immer wieder als die Schönheitsformel schlechthin angesehen wurde, so konsequent ausgeführt wie hier. Die parallele Wiederholung des Reimschemas der Quartette, die variierte Wiederholung in den Terzetten, die Zweiteilung in Oktave (Aufgesang) und Sextett (Abgesang)

und die Beschränkung auf insgesamt vier Reime gibt dem Gedicht eine strenge, kristalline Struktur, in der die drei- bzw. zweimalige Wiederholung eines Reims zugleich durch ein Höchstmaß an formaler Variation ausgeglichen wird. Da die Form als unveränderlich vorgegeben ist, stellt sie in gewissem Sinne eine Zwangsjacke dar. Andererseits bietet sie dem Dichter so viele Möglichkeiten für den Ausdruck komplexer Gedanken und Gefühle, dass in den Händen eines Meisters nichts mehr vom Zwang zu spüren ist.
Die inhaltliche Gliederung des italienischen Sonetts wird entscheidend durch den Gegensatz von Aufgesang und Abgesang bestimmt. Im Aufgesang wird entweder eine These aufgestellt oder ein gleichnishaftes Bild entwickelt, worauf der Abgesang im ersten Fall die These kommentiert und im zweiten das Bild deutet. Die antithetische Struktur gibt dem Sonett etwas Intellektuelles, das der deutsche Leser, dessen Lyrikerwartung vor allem durch die Romantik geprägt ist, häufig als unlyrisch empfindet. In England dagegen gab es bereits in der Shakespearezeit eine seitdem nie wieder erreichte Blüte der Sonettdichtung, weshalb dort die Intellektualisierung der Lyrik den Leser weit weniger befremdet. Allerdings haben die Engländer das italienische Sonettschema schon früh abgewandelt. Da es im Englischen nicht so leicht wie im Italienischen ist, auf ein Wort drei passende Reimwörter zu finden, haben die elisabethanischen Sonettdichter das folgende Reimschema entwickelt:

abab cdcd efef gg

Schon dieses äußere Schema lässt einen deutlichen Strukturunterschied gegenüber dem italienischen Sonett erkennen. Die formale Zäsur liegt jetzt nicht mehr zwischen Oktave und Sextett, sondern zwischen dem dritten Quartett und dem abschließenden Reimpaar. Dieses sogenannte *couplet* zieht in den meisten Sonetten das Fazit aus dem zuvor Gesagten und fasst es sentenzhaft zusammen. Im übrigen aber bewahrten die Engländer den inhaltlichen Aufbau des italienischen Sonetts, indem sie in den ersten beiden Quartetten einen Gedanken oder ein Bild entwickeln, wozu sie im dritten Quartett kritisch oder deutend Stellung nehmen. Dadurch erhält das englische Sonett eine dreigliedrige Struktur, was oft schon daran abzulesen ist, dass das dritte Quartett mit *but*, *yet* oder einer anderen entgegensetzenden Konjunktion eingeleitet wird.

Was das Sonett als poetisches Ausdrucksmittel zu leisten vermag, sollen die folgenden Beispiele zeigen. Das erste stammt von Goethe und hat das Sonett selber zum Gegenstand:

### Das Sonett

Sich in erneutem Kunstgebrauch zu üben,
   Ist heil'ge Pflicht, die wir dir auferlegen:
   Du kannst dich auch, wie wir, bestimmt bewegen
Nach Tritt und Schritt, wie es dir vorgeschrieben.

Denn eben die Beschränkung läßt sich lieben,
   Wenn sich die Geister gar gewaltig regen;
   Und wie sie sich denn auch gebärden mögen,
Das Werk zuletzt ist doch vollendet blieben.

So möcht' ich selbst in künstlichen Sonetten,
   In sprachgewandter Maße kühnem Stolze,
   Das Beste, was Gefühl mir gäbe, reimen:

Nur weiß ich hier mich nicht bequem zu betten,
   Ich schneide sonst so gern aus ganzem Holze
   Und müßte nun doch auch mitunter leimen.

Goethe spricht hier aus, was zu seiner Zeit viele Romantiker dem Sonett gegenüber empfanden, nämlich dass es der natürlichen Inspiration eine zu künstliche Form aufzwingt. Doch gleich im Anschluss daran lässt er ein zweites Sonett folgen, das mit dem berühmten Satz endet:

## Romanische Gedichtformen

In der Beschränkung zeigt sich erst der Meister,
Und das Gesetz nur kann uns Freiheit geben.

In der Tat gibt es wohl keine andere Gedichtform, in der die einem strengen Formgesetz abgerungene Freiheit so unmittelbar ins Auge springt wie beim Sonett. Goethe erfüllt die Form mustergültig, indem er zuerst im Aufgesang das Sonetthafte als allgemeines Kunstprinzip beschreibt und dann mit »so« den Abgesang beginnt, der dem Allgemeinen das Besondere seiner eigenen Dichtweise entgegenstellt.
Für die englische Form ist Shakespeare der unübertroffene Meister. Das bekannteste seiner 154 Sonette, das in keiner Anthologie fehlt, ist das folgende:

### Sonnet 18

Shall I compare thee to a summer's day?
   Thou art more lovely and more temperate:
Rough winds do shake the darling buds of May,
   And summer's lease hath all too short a date:
Sometimes too hot the eye of heaven shines,
   And often is his gold complexion dimm'd,
And every fair from fair sometime declines,
   By chance or nature's changing course untrimm'd:
But thy eternal summer shall not fade
   Nor lose possession of that fair thou ow'st,
Nor shall Death brag thou wander'st in his shade,
   When in eternal lines to time thou grow'st:
     So long as men can breathe or eyes can see,
     So long lives this, and this gives live to thee.

Hier die Übersetzung des Verfassers:

Soll ich dich einem Sommertag vergleichen?
   Du bist viel lieblicher; denn noch im Mai
Lässt rauher Wind die Knospen oft erbleichen,
   Und allzu rasch ist Sommers Zeit vorbei.

Zuweilen scheint des Himmels Aug' zu heiß,
  Und öfter ist's von Wolkendunst verhangen;
Und alles Schöne gibt sein Schönes preis,
  Wie's Zufall oder die Natur verlangen.
Dein Sommer aber wird niemals vergehn,
  Noch geht dir deine Schönheit je verloren,
Dich wird des Todes Schatten nicht umwehn,
  Durch diese Zeilen wirst du neu geboren.
    Solange Menschen atmen, Augen sehn,
    Wirst du in diesen Versen fortbestehn.

Charakteristisch an diesem Sonett ist, dass es bereits mit der ersten Zeile zum Zweck eines Vergleichs ein Bild aufbaut, das im Fortgang des Gedichts auf verschiedenen Vergleichsebenen gedeutet wird. Solche komplexen Vergleiche heißen im Englischen *conceit* und gehörten in der elisabethanischen Zeit zum Standardrepertoire der Lyrik. Übrigens kam auch diese Technik der Bildentfaltung aus dem Italienischen, wo das Wort dafür *concetto* hieß.

In England wurde sowohl die englische wie die italienische Form des Sonetts gepflegt. Daneben gab es noch eine dritte Variante, das *Miltonic sonnet*, so benannt nach dem Dichter John Milton (1608–74), der 19 Sonette dieses Typs schrieb. Es unterscheidet sich von den beiden anderen Formen durch das Fehlen einer Teilung in Aufgesang und Abgesang. Statt dessen benutzte Milton die Form, um einen einzigen zusammenhängenden Gedanken in einem Zuge und mit größtmöglicher sprachlicher Dichte auszudrücken. Das folgende Beispiel ist sein berühmtestes und meistanthologisiertes Sonett.

## On his blindness

When I consider how my light is spent,
  Ere half my days, in this dark world and wide,
  And that one talent which is death to hide,
  Lodged with me useless, though my soul more bent

To serve therewith my maker, and present
  My true account, lest he returning chide,
  Doth God exact day-labour, light denied,
  I fondly ask; but Patience to prevent
That murmur, soon replies, God doth not need
  Either man's work or his own gifts, who best
  Bear his mild yoke, they serve him best, his state
Is kingly. Thousands at his bidding speed
  And post o'er land and ocean without rest:
  They also serve who only stand and wait.

*Auf seine Erblindung*

Wenn ich bedenke, wie auf halbem Wege
  Mein Licht erlosch in dieser dunklen Welt
  Und das, wodurch das Leben sich erhellt,
  In mir zu nichts mehr taugt, wird Zweifel rege,
Wie ich dereinst wohl Rechenschaft ablege.
  »Bin ich zu vollem Tagewerk bestellt,
  Wenn Gott das Tageslicht mir vorenthält?«
  Doch Demut dämpft den Zweifel, den ich hege.
»Gott braucht niemandes Dienst. Ihm dient schon der,
  Der nur sein mildes Joch geduldig trägt.
  Er ist ein König, darum so geartet,
Dass sich auf seines Fingers Wink ein Heer
  Zu Land, zu Wasser tausendfach bewegt
  Ihm dient auch der schon, der nur steht und wartet.«

(Übers. vom Verfasser)

Dass selbst ausgesprochen lyrische Empfindungen durch ein streng antithetisches Sonett ausgedrückt werden können, zeigt das folgende Beispiel von Georg Trakl:

## Verfall

Am Abend, wenn die Glocken Frieden läuten,
Folg ich der Vögel wundervollen Flügen,
Die lang geschart, gleich frommen Pilgerzügen,
Entschwinden in den herbstlich klaren Weiten.

Hinwandelnd durch den dämmervollen Garten
Träum ich nach ihren helleren Geschicken
Und fühl der Stunden Weiser kaum mehr rücken.
So folg ich über Wolken ihren Fahrten.

Da macht ein Hauch mich von Verfall erzittern.
Die Amsel klagt in den entlaubten Zweigen.
Es schwankt der rote Wein an rostigen Gittern.

Indes wie blasser Kinder Todesreigen
Um dunkle Brunnenränder, die verwittern,
Im Wind sich fröstelnd blaue Astern neigen.

Wie bei allen strengen Formen besteht auch beim Sonett die Gefahr, dass die Form sich verselbständigt und dann nur noch wie ein leerer Güterwagen in monotonem Rhythmus über die Gleise des Metrums rattert, ohne nennenswerte Substanz zu transportieren. Immerhin haben selbst relativ dürre Sonette meist noch einen kunsthandwerklichen Reiz, während die freien Rhythmen eines schwachen Dichters nur peinlich sind. Solche Dichter pflegen den Parodisten auf den Plan zu rufen. Beim Sonett ist es dagegen nicht der einzelne Dichter, sondern die Form selbst, die zur Parodie herausfordert. Sonettparodien gibt es in großer Fülle. Die folgende von Johann Heinrich Voß ist eine der frühesten in deutscher Sprache.

## Romanische Gedichtformen

*Klingsonate*

»Grave«

Mit
Prall-
Hall
Sprüht
Süd
Trall
Lall
Lied.
Kling-
Klang
Singt;
Sing-
Sang
Klingt.

»Scherzando«

Aus Moor-
Gewimmel
Und Schimmel
Hervor
Dringt, Chor,
Dein Bimmel-
Getümmel
In's Ohr.
O höre
Mein kleines
Sonett.
Auf Ehre!
Klingt deines
so nett?

Um die Ausdrucksmöglichkeiten des Sonetts auch heute noch zu nutzen, ohne dabei den Eindruck des Kunstgewerblichen zu wecken, haben manche modernen Dichter das strenge Reim- und Zeilenschema sowie das jambische Metrum aufgegeben und nur noch die inhaltliche Struktur beibehalten. Das tat beispielsweise W. H. Auden in seinem bekannten Gedicht »Musée des Beaux Arts«.

Während Auden die Sonettform zur rhythmisierten Prosa hin lockerte, hat Rilke sie in seinen *Sonetten an Orpheus* sprachlich noch weiter konzentriert. Hier ein Beispiel:

>Nur wer die Leier schon hob
>auch unter Schatten,
>darf das unendliche Lob
>ahnend erstatten.
>
>Nur wer mit Toten vom Mohn
>aß, von dem ihren,
>wird nicht den leisesten Ton
>wieder verlieren.
>
>Mag auch die Spiegelung im Teich
>oft uns verschwimmen:
>*Wisse das Bild.*
>
>Erst in dem Doppelbereich
>werden die Stimmen
>ewig und mild.

Hier ist das Sonett unter Beibehaltung des Reimschemas und der Struktur von Aufgesang und Abgesang auf weniger als die halbe Textmenge reduziert, was der Aussage umso größere Prägnanz gibt.

## Außereuropäische Gedichtformen

Schon im Mittelalter sind in der sizilianischen Dichtung arabische Einflüsse zu spüren, die möglicherweise an der Entstehung des Sonetts beteiligt waren. Die hierzulande bekannteste orientalische Gedichtform ist das

### Gasel

Das *Gasel* oder *Ghasel* (von arabisch *ghazal* = Gespinst) kam in Mode, als die Romantiker nach der Antike und dem Mittelalter als dritten großen Fantasieraum für die Dichtung den Orient entdeckten. Im islamischen Kulturbereich war die Form bereits im 8. Jahrhundert entstanden und durch den Dichter Hafez im 14. Jahrhundert zu höchster Kunst verfeinert worden. 1814 wurde Goethe mit einer Übersetzung des *Divan* von Hafez bekannt, der damals Hafis genannt wurde. Das war der Anstoß zu seinem eigenen *Westöstlichen Divan*. Von der charakteristischen Form des Gasels machte Goethe darin aber nur sehr sparsamen und sehr freien Gebrauch. Strengere Gaselen schuf August Graf von Platen, von dem das folgende Beispiel stammt:

> Du grollst der Welt, weil du gebunden bist
> Und von dir selber überwunden bist?
> Verklage nicht das fromme Schwert der Zeit,
> Wenn du der Mann der tausend Wunden bist!
> Bezeug' uns erst, daß nichts in dir dich hemmt,
> Daß du ein Freund von allen Stunden bist!
>
> Sprich erst zur Rose, wenn sie welk erstirbt:
> »Was kümmert's mich, daß du verschwunden bist?«
> Dann, Bruder, glauben wir, wie sehr auch du
> Von uns, den Freien und Gesunden, bist.

Das Formprinzip besteht darin, dass das Gedicht mit einem Reimpaar, dem sogenannten *Königsbeit* (arab. *beit* = Haus), eröffnet wird, worauf abwechselnd eine reimlose Zeile und eine reimende folgen nach dem Schema:

> aabacadaeafa usw.

Platen bemüht sich in seinen vierzig Gaselen um kunstgerechte Nachbildungen, indem er die betonte Reimsilbe oft in die drittletzte Position setzt und dadurch einen Effekt von Wohlklang, aber auch von Überformalisierung erreicht.

## Haiku und Tanka

Die andere hierzulande bekannte nichteuropäische Gedichtform ist das japanische *Haiku*. Als Dreizeiler mit festgelegter Zahl von insgesamt 17 Silben ist es zugleich die kürzeste Gedichtform überhaupt. Die 17 Silben verteilen sich auf die drei Zeilen im Verhältnis 5:7:5. In Japan wird die Form seit Jahrhunderten gepflegt. Noch heute werden dort Haiku-Wettbewerbe veranstaltet, und man schätzt, dass auf der Insel alljährlich einige Hunderttausend solcher Gedichte verfasst werden. Eines der bekanntesten Beispiele stammt von Japans berühmtestem Haiku-Dichter, Matsuo Bashô (1644–94):

> Alter Teich in Ruh. –
> Fröschlein hüpft vom Ufersaum,
> und das Wasser tönt.
>
> (Übers. von Gerolf Coudenhove)

Die tiefere Bedeutung des Gedichts versteht man wohl nur, wenn man die Zen-buddhistischen Vorstellungen kennt, die dahinterstehen. Aber auch als Europäer wird man in dem Bild des Weihers, dessen Stille für einen kurzen Augenblick durch den Sprung des Frosches unterbrochen wird, eine symbolische Bedeutung vermuten. Man wird an das kurze Geräusch denken, dass das menschliche Dasein in der Stille des Weltalls hervorruft. Das Haiku lebt ganz von der Intensität der zu einem Bild geronnenen Situation. Da es weder Reim noch Metrum, sondern nur die Silbenzahl einhalten muss, ist es für Leser, die an die moderne, bildbetonte Lyrik gewöhnt sind, genießbarer als das Gasel.

Ebenfalls aus Japan stammt das *Tanka*. Es besteht aus einer Oberstrophe in der Form eines Haiku und einer zweizeiligen Unterstrophe zu je sieben Silben, so dass es insgesamt 31 Silben hat. Gelegentlich wird es auch von deutschen Dichtern verwendet, doch blieb es im Vergleich zum Haiku weitgehend unbekannt.

## Spielformen

### Scherzgedichte

Da Dichtung, wie alle Kunst, dem Spieltrieb entspringt, ist es nicht verwunderlich, dass viele Gedichte nichts weiter wollen, als diesem Trieb freien Lauf lassen. Spielerische Rätselfragen gibt es schon in der ältesten Überlieferung. Bei Walther von der Vogelweide findet man Krebsgedichte, deren Zeilen man von oben nach unten und von unten nach oben lesen kann. Vor allem in der Barocklyrik begegnen einem immer wieder Gedichte, die nichts weiter wollen als den Leser zu unterhalten und durch ihre Kunstfertigkeit zu überraschen und zu beeindrucken.

Zu den ältesten reinen Scherzgedichten zählen im Deutschen die *Leberverse*, die schon seit 1601 schriftlich belegt sind. Es sind witzige Blödeleien, die ursprünglich bei Tisch vorgetragen wurden, wenn vom Braten die Leber serviert wurde. Der Vers begann immer mit der Formel »Die Leber ist von einem ...« und musste improvisierend fortgesetzt werden, etwa so:

> Die Leber ist von einem Hecht und nicht von einem
> Biber.
> Dem einen ist das eigne Weib, dem anderen das andre
> lieber.

Solche Verse wurden bis ins 19. Jahrhundert hinein verfasst und anonym weitergegeben. Eine andere, recht kurzlebige Mode von Scherzgedichten wurde durch einen Vierzeiler des Göttinger Universitätsnotars Friedrich Daniel ausgelöst, der 1878 zu den Münchner *Fliegenden Blättern* folgenden Vierzeiler beisteuerte:

> Zwei Knaben gingen durch das Korn,
> Der andere blies das Klappenhorn,
> Er konnt' es zwar nicht ordentlich blasen,
> Doch blies er's wenigstens einigermaßen.

Die daraufhin einsetzende Flut von sogenannten *Klapphornversen* kulminierte in dem bekannten Nonsensgedicht:

> Zwei Knaben gingen durch das Korn,
> Der eine war ein Feger des Schorn.
> Der andre konnte gar nicht fegen.
> Der erste fog brillant dagegen.

Im letzten Jahrhundert kamen aus England zwei weitere Scherzgedichtformen zu uns, von denen die bekannteste und beliebteste der *Limerick* ist. In gedruckter Form trat er zum ersten Mal in den Büchern *The History of Sixteen Wonderful Old Women* (1821) und *Anecdotes and Adventures of Fifteen Gentlemen* (1822) auf, deren Autorschaft umstritten ist. Populär wurde er aber erst, als Edward Lear (1812–88) ihn für seine Nonsens-Dichtungen benutzte, wobei er nach eigener Angabe die Anregung dazu aus dem letztgenannten Buch empfing. Lears Limericks haben zwar die charakteristische Versform, doch in ihrer Wirkung unterscheiden sie sich wesentlich von der, die später klassisch wurde. Hier ein Beispiel:

*Spielformen* 137

> There was an Old Man of Kilkenny,
> Who never had more than a penny;
>   He spent all that money
>   In onions and honey,
> That wayward Old Man of Kilkenny.

> Ein älterer Herr aus Kilkenny
> Besaß niemals mehr als 'nen Penny;
>   Den hat er verbraucht
>   Für Honig und Lauch,
> Der komische Herr aus Kilkenny.
>
> (Übers. vom Verfasser)

Im Unterschied zur späteren Form enden Lears Limericks nicht mit einer Pointe, sondern mit einer Wiederholung des ersten Reimworts und oft sogar der ganzen ersten Zeile. Dadurch entsteht der typische Nonsens-Effekt, der die auf eine Pointe gespannte Erwartung des Lesers oder Hörers ins Leere laufen lässt.

Die heute populäre Form des Limericks praktiziert das genaue Gegenteil. Sie füllt die Leere mit einer unerwarteten Pointe. Das Charakteristische daran besteht in der extremen Formalisierung, die zudem noch dadurch gesteigert wird, dass die Reimwörter oft in zwei oder drei Silben übereinstimmen. Die erste Zeile endet beim klassischen Limerick immer mit einem Ortsnamen, der möglichst kompliziert sein sollte, so dass das Finden von zwei dazu passenden Reimwörtern entsprechend schwer, die Spannung also besonders groß ist. Die letzte Zeile sollte dann in das unerwartete, kaum noch für möglich gehaltene Reimwort eine Pointe verpacken, die sich aus dem Vorangegangenen logisch überzeugend ergibt.

Limericks lassen sich über alle möglichen Themen schreiben, doch Thema Nummer Eins ist Sex, was sicher als Reaktion auf die viktorianische Prüderie zu verstehen ist. Auch die Beliebtheit der Form bei den Engländern ist leicht zu erklären. Erstens sorgen im Englischen die vielen einsilbigen Wörter dafür, dass man nie Probleme mit dem Versmaß hat. Zweitens gibt es so viele gleichlautende Wörter mit unterschiedlicher Bedeutung, dass für Wortspiele reichlich gesorgt ist. Und drittens werden Ortsnamen wegen der Abschwächung der Vokale in den zweiten und dritten Silben so ausgesprochen, dass sie leicht mit gewöhnlichen Wörtern reimen. Aus diesem Grunde ist es schwer, gute Limericks auf deutsch zu machen und noch schwerer, englische ins Deutsche zu übersetzen, wie der folgende Übersetzungsversuch des Verfassers zeigt:

> There once was a Lady from Exeter,
> Who made all the men crane their necks at her;
>   And some who were brave
>   Would take out and wave
> The distinguishing marks of their sex at her.

> Eine Lady aus E., gut bestückt,
> Die machte die Männer verrückt;
>   Im Falle des Falles
>   Zeigten sie alles,
> Womit Man(n) die Frauen beglückt.
>
>   (Übers. vom Verfasser)

Gute Limericks sollten immer neben der obszönen Bedeutung eine halbwegs dezente als denkbar zulassen. So könnten in unserem Beispiel die »distinguishing marks of their sex« theoretisch auch die Krawatten sein, selbst wenn jedem Leser klar ist, dass die gemeinten Geschlechtsmerkmale etwas fester am Körper sitzen.

Die zweite in England entstandene Scherzform ist das *Clerihew*, das nach seinem Erfinder Edmund Clerihew Bentley (1875–1956) benannt wurde. Es ist ein komischer Vierzeiler nach folgendem Muster:

> The people of Spain think Cervantes
> Equal to half-a-dozen Dantes.
> An opinion resented most bitterly
> By the people of Italy.
>
> Die Spanier halten Cervantes
> Für soviel wert wie sechs Dantes –
> Was die Landsleute Dantes erschüttert
> Und über die Maßen erbittert.
>
> (Übers. vom Verfasser)

Das Clerihew ist im Deutschen noch schwerer nachzuahmen als der Limerick. Englische Clerihews ziehen ihre Wirkung hauptsächlich aus einem *understatement*, für das es in Deutschland keine Tradition gibt.

## Makkaronische Dichtung

Wenn Dichter mit der Sprache spielen, geraten sie schnell an die Grenzen ihrer Muttersprache, die sie dann spielerisch überschreiten. So haben Dichter schon früh zu humoristischem Zweck ein manchmal recht buntes Sprachgemisch angerührt. Tifi degli Odasi gab dem Verfahren mit seinem *Carmen macaronicum* (1490) den Namen, betitelt nach den italienischen Makkaroni, um die es darin geht. Ein bekanntes deutsches Beispiel stammt von Mozart:

> Bona nox; bist a rechter Ochs;
> bona notte, liebe Lotte;
> bonne nuit, pfui, pfui;
> good night, good night,
> heut müss ma no weit;
> gute Nacht, gute Nacht,
> sch ... ins Bett, daß 's kracht;
> gute Nacht; schlaf fei g'sund
> und reck'n A ... zum Mund.

Radebrechende Ausländer sind in Komödien seit langem wirkungsvolle Anlässe für Gelächter. Aber die makkaronische Sprachmischung lässt sich auch mehr oder weniger ernsthaft zu satirischem Zweck einsetzen. Jedenfalls hatte der Verfasser durchaus etwas Ernsthaftes im Sinn, als er die folgenden makkaronischen Verse schrieb:

*Realpoesie*

> Mein lieber Charles Baudelaire,
> so sehr ich dich verehr,
> was nützt der schöne Schall
> der Fleurs du Mal?
> Le mal des fleurs
> macht jetzt horreur,
> und noch viel mehr
> le mal des conifères.
> Das Echo von
> le chant d'automne
> klingt wie eine danse macabre
> in einem Wald sans arbres.
> Drum sag ich klipp und klar:
> ich pfeif auf l'art pour l'art.

## Kryptogramme

Von Gedichten erwartet man, dass sie etwas Allgemeingültiges aussagen. Tatsächlich werden aber viele aus ganz privaten Anlässen und mit ebenso privatem Inhalt verfasst. Solche in Versform gebrachten Briefe an private Addressaten sind normalerweise für Außenstehende uninteressant und werden deshalb selten veröffentlicht. Manchmal aber schreiben Dichter sie in der Form eines an die Allgemeinheit adressierten Gedichts. Dann müssen sie dem Adressaten durch ein verschlüsseltes Signal anzeigen, dass er oder sie gemeint ist. Das meistgebrauchte Verfahren für diesen

Zweck ist das Verstecken von Buchstaben, die zusammen den Namen des Adressaten oder die Botschaft an ihn ergeben. Solche Kryptogramme sind schon aus der Spätantike bekannt und wurden besonders im Barock gepflegt. Sie erfreuen sich auch heute noch bei gegebenen Anlässen großer Beliebtheit. Damit die Botschaft entschlüsselt werden kann, müssen die betreffenden Buchstaben nach einem bestimmten System versteckt werden. Die beiden geläufigsten Verfahren sind das Notarikon und das Akrostichon. Beim *Notarikon* ergeben die Anfangsbuchstaben aufeinanderfolgender Wörter (meist Substantive) den Namen oder die Botschaft wie in dem folgenden Vers von Friedrich Rückert:

> Liebe, Unschuld, Inbrunst, Sitte, Ehre,
> Sind der Züge fünf, die ich verehre;
> Und die fünfe hab' ich, schön verbunden
> In der Freundin Namenszug gefunden.

Hier bilden die Anfangsbuchstaben der Wörter in der ersten Zeile den Namen Luise.

Beim *Akrostichon* wird der Name oder die Botschaft dadurch entschlüsselt, dass man die Buchstaben am Anfang, am Ende oder in der Mitte der Zeilen von oben nach unten liest. Wenn es die Anfangsbuchstaben sind, ist es ein echtes Akrostichon (von griech. *akros* = Spitze und *stichon* = Zeile). Bei den Endbuchstaben nennt man es *Telestichon* (*telos* = Ende) und bei den Mittelbuchstaben heißt es *Mesostichon* (*mesos* = mitten). Die Kombination von Akrostichon und Telestichon heißt *Akroteleuton*. Hin und wieder ist es einem Dichter sogar schon gelungen, bei entsprechender graphischer Anordnung der Buchstaben auch noch in die Diagonalen eine Botschaft zu verpacken. Anstelle der Buchstaben können auch die Anfangs- oder Endwörter der einzelnen Zeilen einen Sinn ergeben. Auch andere Formen der Verschlüsselung sind denkbar und meist schon einmal ausprobiert worden. Bei älteren, komplex anmutenden Gedichten empfiehlt es sich immer, erst einmal zu prüfen, ob die Anfangsbuchstaben von oben nach unten (oder von unten nach oben) etwas bedeuten.

## Sprachspiele

Jede sprachliche Formalisierung ist ein nach festen Regeln ausgeführtes Spiel. Folglich tritt der Spielcharakter umso deutlicher hervor, je offensichtlicher die Formalisierung ist. Wenn ein Text so überformalisiert ist, dass der Inhalt nicht ausreicht, um die Form auszufüllen, hinterläßt dies oft einen komischen Eindruck. So wirkt jedes allzu regelmäßig dahinklappernde Metrum lächerlich, was Wilhelm Busch weidlich ausnutzt. Dreisilbige Reime bringen ein ernsthaftes Gedicht leicht in Gefahr, ins Komische abzukippen, weshalb solche überformalisierten Reime gewöhnlich nur in Gedichten wie den oben betrachteten Limericks anzutreffen sind.

Als die witzigste Form sprachlicher Überformalisierung wird im Deutschen allgemein der *Schüttelreim* empfunden, den wir schon früher erwähnt haben. Er tauchte bereits im Spätmittelhochdeutschen bei Konrad von Würzburg (1220/30–87) auf, wurde aber erst im 19. und 20. Jahrhundert von einer kleinen Gruppe leidenschaftlicher Schüttelreimer gepflegt. Darunter gab es gestandene Professoren wie den Philosophen Wilhelm Weischedel, der sehr tiefsinnige Gedanken in Schüttelreime verpackte. Der Normalfall ist aber der witzige, zuweilen auch ein wenig frivole höhere Blödsinn. Ein sehr lyrisches Beispiel ist das folgende von C. Palm-Nesselmanns (Pseudonym von Clemens Plassmann; als Anagramm durch Umstellen der Buchstaben gebildet):

*Holde Nacht*

> Der Mond am Himmel golden hing,
> als ich zu meiner Holden ging,
> die ich im Arme halten wollt.
> Gleich fühlt ich Liebe walten hold,
> als mir am Hals das holde Ding
> wie eine Blütendolde hing.
> Mit minniglichem holden Sinn
> gab sie sich gleich Isolden hin.
> Du, Nacht, bist unsern Sinnen hold.
> Oh, daß ich nie von hinnen sollt'! –
> Als ich zu meiner Holden ging,
> Der Mond am Himmel golden hing.

Überformalisierung ist eine der ergiebigsten Quellen von sprachlicher Komik. Die englische Literatur besitzt eine stattliche Anzahl von Dichtern, die Meister auf diesem Felde waren, unter anderem Sir William S. Gilbert (1836 bis 1911), der die Texte zu den populären Operetten von Arthur Sullivan schrieb. Im Deutschen ist Überformalisierung nicht ganz so leicht, weil man ihr in unserer Sprache meist die Anstrengung anmerkt, was den komischen Effekt zunichte macht. Trotzdem gibt es viele sprachliche Kunstgriffe, die auch im Deutschen wirkungsvoll sind. In Gerhard Grümmers Buch *Spielformen der Poesie* finden sich zahlreiche Beispiele, unter anderem das folgende von Friedrich Rückert, dem deutschen Großmeister des Sprachspiels:

Er: Selbst in weiter Ferne
    Seh ich noch deiner Augen ✵✵✵
    Vor allem hast du nicht, du Süße,
    Die mir verhaßten »   «.
    O dulde, daß ich, statt zu jammern,
    Mich darf an deine Seele (   ).

Sie: Wer so wie du mit Worten prunkt,
     Heiratet nicht. In diesem .
     Seid, o ich bin erfahrungsreich,
     Ihr Männer euch einander =
     Auf deinen Seufzer geb ich, wenn ich
     Soll ehrlich sprechen, keinen ₰
     ‚ber mit dem Ehering,
     Das ist dann gleich ein ander Ding.
     Dann bist du mein Ge**x** zur Stund,
     Dann will ich gerne mit dir ziehn,
     Wenns sein muß, in die :ien.

Zur Erklärung sei gesagt, dass die »Gänsefüßchen« früher auch »Krähenfüße« hießen, dass ₰ das Zeichen für »Pfennig« war, **x** für ›mal‹ steht und der Doppelpunkt »Kolon« heißt. Rückert nannte Wortspiele einmal »meine Schwachheit«, was er natürlich ebenfalls in einem witzigen Gedicht ausdrückte.

## Figurengedichte

Mit dem Schriftbild eines Gedichts lassen sich noch andere Scherze treiben, indem man beispielsweise die Wörter graphisch so anordnet, dass sie exakt das abbilden, was sie inhaltlich aussprechen. So konnte man im Barock bei Dichtern wie Sigmund von Birken (1626–81) durchaus ernst gemeinte Gedichte finden, deren Schriftbild ein Kreuz oder ein Herz darstellte. Später wurde dieses Verfahren aber nur noch zu humoristischen Zwecken verwendet, so wie es Christian Morgenstern in dem folgenden Scherzgedicht tut:

## Spielformen

### Die Trichter

Zwei Trichter wandeln durch die Nacht,
Durch ihres Rumpfs verengten Schacht
fließt weißes Mondlicht
still und heiter
auf ihren
Waldweg
u. s.
w.


### Spaltverse

Auch Verse des folgenden Typs wurden sowohl ernsthaft zu satirischem Zweck als auch spielerisch zur bloßen Unterhaltung geschrieben.

| Ich sage gänzlich ab | der Römer Lehr und Leben |
| dem Luther bis ans Grab | will ich mich ganz ergeben |

usw.

Je nachdem ob man die Verse in zwei Spalten oder als Hälften von Langzeilen liest, spricht daraus entweder ein prokatholisches oder ein protestantisches Bekenntnis. Einerseits bot dieser Kunstgriff die Möglichkeit zur Tarnung, während auf der anderen Seite daraus oft ein reines Scherzgedicht wurde wie das bekannte, mündlich überlieferte Chorlied:

| O hängt ihn auf, | ihn, unsern Fürst, |
| den Kranz von Lorbee- beeren | den wollen wir verehren! |

usw.

## Parodie

Das Wesen der Parodie besteht darin, dass man von einem Kunstwerk die Form ablöst und sie mit einem neuen, unangemessenen Inhalt füllt, was aus bloßer Spielfreude geschehen kann oder in der Absicht, das betreffende Werk lächerlich zu machen. Parodien sind auch in der Musik und der Malerei möglich, und es gibt sie wohl so lange, wie es Künstler gibt. Das Interessanteste am Problem der Parodie ist die Frage nach der Parodierbarkeit. Um ein Werk parodieren zu können, muss es eine formale Gestalt haben, die unabhängig von seinem Inhalt sogleich erkennbar ist. Das ist vor allem bei Künstlern der Fall, die einen sehr persönlichen, eigenwilligen Stil kultivieren. Deshalb ist Wagner leichter zu parodieren als Mozart und Rilke leichter als Goethe.

In der Lyrik besteht die Parodie darin, dass die ganze paralinguistische Form – wie wir es am Anfang nannten – von der darin transportierten Aussage abgelöst und mit einem neuen, trivialen Inhalt gefüllt wird. Zu einem solchen Verfahren reizen Gedichte, die entweder eine sehr feste Form haben oder einen sehr hohen formalen Anspruch stellen. Das erste ist der Fall bei Sonetten und Balladen, die als reine Formen parodiert werden können. Im zweiten Fall will die Parodie den hohen ästhetischen Anspruch, den ein besonders ambitioniertes Gedicht stellt, vom Sockel stoßen und damit den Autor lächerlich machen. Aus diesem Grunde zählt beispielsweise Edgar Allan Poes »The Raven« zu den meistparodierten Gedichten der englischen Sprache. In der deutschen Lyrik war Schillers »Lied von der Glocke« das bevorzugte Opfer der Parodisten. Aber auch hier musste nicht unbedingt das Gedicht und der Dichter die Zielscheibe des Spotts sein. Ebenso oft benutzten Parodisten die Form als bloßes Vehikel, um damit eine Satire mit ganz anderer Stoßrichtung zu transportieren. Das ist bei Moritz Gottlieb Saphir (1795–1858) der Fall, dessen Stoß gegen die Aufführungspraxis zeitgenössischer Regisseure zielt. Der heutige Leser wird das Gedicht als höchst aktuell empfinden. Hier eine Textprobe:

> Wohltätig ist ein Regisseur
> Wenn er die Kunst nur hält in Ehr',
> Denn was man siehet, was man hört,
> Das wird uns nur von ihm beschert.
> Doch furchtbar wird der Regisseur,
> Wenn er, in dem Gehirne leer,
> Behandelt wie das liebe Vieh
> Die freien Kinder der Regie.
>
> Wehe wenn er losgelassen,
> Lesend, ohne Widerstand,
> Durch die schönsten Zeilengassen
> Streicht mit der verwegnen Hand!
>   Denn die Regisseure hassen,
>   Was der Dichter wohl erfand.
>
> (Aus »Das Lied vom Theater«)

Parodie ist nicht an den Vers gebunden. Auch Prosaschreiber werden ihr Opfer, wenn sie dem Leser mit allzu schwergewichtigen Sätzen imponieren wollen. Selbst manche Theorie über die Parodie mutet wie eine Parodie auf das sprachliche Imponiergehabe der Literaturwissenschaft an. Beispiele für *unfreiwillige* Selbstparodie finden sich vor allem bei Dichtern, die ihre Leser mit sprachlicher Virtuosität beeindrucken wollen. Das prominenteste Beispiel ist Rilke, der zweifellos zu den größten deutschen Lyrikern zählt, aber trotzdem die folgende Unsäglichkeit zustande brachte:

### Auferstehung

> Der Graf vernimmt die Töne,
> er sieht einen lichten Riß,
> er weckt seine dreizehn Söhne
> im Erb-Begräbnis.

> Er grüßt seine beiden Frauen
> ehrerbietig von weit –;
> und alle, voll Vertrauen,
> stehn auf zur Ewigkeit
>
> und warten nur noch auf Erich
> und Ulriken Dorotheen,
> die, sieben- und dreizehnjährig,
> (sechzehnhundertzehn)
> verstorben sind im Flandern,
> um heute vor den andern
> unbeirrt herzugehn.

Hier gerät Rilke in bedenkliche Nähe zu Friederike Kempner (1836–1904), die in der deutschen Literatur sprichwörtlich für den unfreiwilligen Absturz vom Erhabenen ins Lächerliche steht. Was bei ihr aber dichterischem Unvermögen entsprang, hat bei Rilke die entgegengesetzte Ursache. Weil er als einer der größten Virtuosen der deutschen Sprache fast alles in eine dichterische Form bringen konnte, schoss er zuweilen so weit über das Ziel hinaus, dass der Gehalt nicht die ambitionierte Form ausfüllte. Ebendies ist, wenn es absichtlich gemacht wird, das Prinzip der Parodie.

## *Neuere Gedichtformen*

### Freie Rhythmen

Ein Gedicht braucht weder ein festes Metrum noch eine Bindung der Zeilen durch Stab- oder Endreim zu haben. Wichtig ist nur, dass es eine »kristalline« Struktur hat, die jedem Wort im Sinn- und Lautgefüge einen festen Platz zuweist. Wenn kein Metrum erkennbar ist, wird das Lautgefüge eben durch den Satzrhythmus bestimmt. Von moderner Lyrik erwartet der Leser kaum noch, dass sie sich reimt

## Neuere Gedichtformen

oder ein Metrum hat. Selbst der freie Rhythmus wird so stark zurückgenommen, dass er sich oft wie Prosa liest. Das war in der klassischen Tradition noch ganz anders. Dort kamen freie Rhythmen verhältnismäßig spät auf. Unter den großen deutschen Lyrikern war Klopstock der erste, der mit reimlosen, frei rhythmisierten Gedichten versuchte, den hymnischen Ton Pindars nachzubilden. Ihm folgte der junge Goethe mit seinen frühen Hymnen, die zu den Prunkstücken dieser Dichtungsform zählen.

Die Schwierigkeit der freien Rhythmen liegt darin, dass sie sich nach zwei Seiten hin abgrenzen müssen. Einerseits müssen sie den Eindruck von Prosa vermeiden und andererseits dürfen sie nicht in eines der vertrauten Metren verfallen. Das verlangt von einem Dichter mehr sprachliche Intuition als bei einem Gedicht mit vorgegebener Form wie etwa dem Sonett. Wirklich bedeutende Gedichte in freien Rhythmen haben deshalb nur die ganz großen Dichter geschaffen, während den anderen zwar hin und wieder ein achtbares Gedicht in einer strengen Form gelungen ist, doch wenn sie sich an freien Rhythmen versuchten, wurde es meist pathetische Deklamation.

Bei der hymnischen Form, wie Goethe sie pflegte, wird man unter den freien Rhythmen immer noch die Nähe zum festen Metrum spüren, weil allzu starke Unregelmäßigkeiten den hymnischen Schwung bremsen würden. So besteht der folgende Anfang der »Harzreise im Winter« überwiegend aus Jamben sowie aus je einem Anapäst und Daktylus.

> Dem Geier gleich,
> <u>Der auf schweren</u> Morgenwolken       = Anapäst
> Mit sanftem Fittich ruhend
> Nach Beute schaut,
> <u>Schwebe mein</u> Lied.                  = Daktylus

Später kommen in dem Gedicht auch Trochäen hinzu. Da der Sprachfluss aber ausschließlich der natürlichen Wort-

und Satzbetonung folgt, merkt der Leser kaum, dass er es mit Versfüßen zu tun hat.

In der modernen reimlosen und unmetrischen Lyrik wird man den hymnischen Ton kaum antreffen. Hier herrscht ein spröder, der Prosa angenäherter Sprechduktus vor. Ein charakteristisches Beispiel ist das folgende Gedicht von Hans Magnus Enzensberger.

*Ins Lesebuch für die Oberstufe*

Lies keine Oden, mein Sohn, lies die Fahrpläne:
sie sind genauer. Roll die Seekarten auf,
eh es zu spät ist. Sei wachsam, sing nicht.
Der Tag kommt, wo sie wieder Listen ans Tor
schlagen und malen den Neinsagern auf die Brust
Zinken. Lern unerkannt gehn, lern mehr als ich:
das Viertel wechseln, den Paß, das Gesicht.
Versteh dich auf den kleinen Verrat,
die tägliche schmutzige Rettung. Nützlich
Sind die Enzykliken zum Feueranzünden,
die Manifeste: Butter einzuwickeln und Salz
für die Wehrlosen. Wut und Geduld sind nötig,
in die Lungen der Macht zu blasen
den feinen tödlichen Staub, gemahlen
von denen, die viel gelernt haben,
die genau sind, von dir.

Auch hier würde man, wenn man alle betonten Silben markierte, Jamben, Trochäen, Daktylen und Anapäste finden. Dazwischen stehen aber auch aufeinanderstoßende Hebungen wie in *der Tag kommt* oder *lern unerkannt*, die den Eindruck von herkömmlicher lyrischer Sprache wieder zunichte machen. Das Gedicht ist eine bitter-ironische Absage an die traditionelle Kulturideologie. Bis zur fünftletzten Zeile wahrt es seinen spröden, prosaischen Ton. Dann aber gewinnt es spürbar an Emphase und bedient sich einer von der Prosa abweichenden Rhetorik. Durch die Umstellung von Verb und Objekt in »zu blasen / den feinen Staub« und durch das dreimalige Ansetzen des abschließenden Relativsatzes mündet es selbst wieder in eine poetische Sprechweise, wodurch die am Anfang ausgesprochene Absage an die Dichtung wieder aufgehoben wird.

Moderne Lyrik hat oft einen für den Leser kaum verstehbaren Zeilenbruch, der die formalisierte Anordnung der Zeilen kenntlich macht. Würde man dasselbe Gedicht aber nur hören, wäre es schwer, die Zeilengliederung wahrzunehmen, es sei denn, der Sprecher betrachtet den Zeilenbruch als Anweisung für eine Zäsur. Solche Gedichte erfordern eine ganz andere Deklamationstechnik. Bei traditioneller Lyrik besteht die Kunst des geschulten Rezitators vor allem darin, das Metrum vergessen zu machen. Bei moderner Lyrik hingegen muss der Sprecher die formalisierte Struktur durch einen verfremdenden, von der Alltagssprache abweichenden Sprechduktus hineinlesen. Wer zeitgenössische Lyriker ihre eigenen Werke hat lesen hören, wird bemerkt haben, dass sie alle einen sehr ähnlichen, fast mechanisch wirkenden Vortragsstil wählen. Nur dadurch kann das formalisierte Schriftbild auch für den Zuhörer wahrnehmbar gemacht werden, da er den Text im anderen Falle leicht für Prosa halten würde.

## Dramatischer Monolog

Diese von Robert Browning (1812–89) entwickelte Gedichtform, die durch Ezra Pound in die moderne englische Lyrik eingeführt wurde, hat deren Entwicklung entscheidend geprägt. Es ist ein Gedicht, das einem fingierten Sprecher in den Mund gelegt wird. Im Grunde ist schon Goethes »Prometheus« ein solcher dramatischer Monolog, da er nicht vom Dichter, sondern von Prometheus gesprochen wird. Während der Leser bei Goethe aber wegen der hymnischen Emphase noch den Eindruck eines lyrischen Ichs hat, werden die Monologe Brownings wegen ihrer nur schwach rhythmisierten, der Prosa angenäherten Sprache vom Leser von Anfang an als Rollensprache des fingierten Sprechers empfunden. Das gibt dem Dichter die Möglichkeit, der Sprecherfigur Ansichten in den Mund zu legen, für die er selber nicht geradestehen muss. Ezra Pound war von der Form vor allem deshalb fasziniert, weil aus ihr das Wesensmerkmal vormoderner Lyrik, eben das lyrische Ich, restlos verschwunden war. Als Beispiel für die Wirkung eines solchen Gedichts sei hier Brownings bekanntester dramatischer Monolog vorgestellt.

*My Last Duchess*

That's my last Duchess painted on the wall,
Looking as if she were alive. I call
That piece a wonder, now: Frà Pandolf's hands
Worked busily a day, and there she stands.
Will't please you sit and look at her? I said
'Frà Pandolf' by design, for never read
Strangers like you that pictured countenance,
The depth and passion of its earnest glance,
But to myself they turned (since none puts by
The curtain I have drawn for you, but I)
And seemed as they would ask me, if they durst,
How such a glance came there; so, not the first
Are you to turn and ask thus. Sir, 'twas not
Her husband's presence only, called that spot
Of joy into the Duchess' cheek: perhaps
Frà Pandolf chanced to say 'Her mantle laps
Over my lady's wrist too much,' or 'Paint
Must never hope to reproduce the faint
Half-flush that dies along her throat': such stuff
Was courtesy, she thought, and cause enough
For calling up that spot of joy. She had
A heart – how shall I say? – too soon made glad,

Too easily impressed; she liked whate'er
She looked on, and her looks went everywhere.
Sir, 'twas all one! My favour at her breast,
The dropping of the daylight in the West,
The bough of cherries some officious fool
Broke in the orchard for her, the white mule
She rode with round the terrace – all and each
Would draw from her alike the approving speech,
Or blush, at least. She thanked men, – good! but
                                           thanked
Somehow – I know not how – as if she ranked
My gift of a nine-hundred-years-old name
With anybody's gift. Who'd stoop to blame
This sort of trifling? Even had you skill
In speech – (which I have not) – to make your will
Quite clear to such an one, and say, 'Just this
Or that in you disgusts me; here you miss,
Or there exceed the mark' – and if she let
Herself be lessoned so, nor plainly set
Her wits to yours, forsooth, and made excuse,
– E'en then would be some stooping; and I choose
Never to stoop. Oh sir, she smiled, no doubt,
Whene'er I passed her; but who passed without
Much the same smile? This grew; I gave commands;
Then all smiles stopped together. There she stands
As if alive. Will't please you rise? We'll meet
The company below, then. I repeat,
The Count your master's known munificence
Is ample warrant that no just pretence
Of mine for dowry will be disallowed;
Though his fair daughter's self, as I avowed
At starting, is my object. Nay, we'll go
Together down, sir. Notice Neptune, though,
Taming a sea-horse, thought a rarity,
Which Claus of Innsbruck cast in bronze for me!

## Meine letzte Herzogin

Hier meine letzte Herzogin. Sieht sie
Nicht aus, als lebte sie? Es scheint mir wie
Ein Wunder. Weiß noch, wie Fra Pandolphs Hand
Sie malte, während sie dort drüben stand.
Schaun Sie sie nur in Ruhe an. Ich sagte
Bewußt ›Fra Pandolph‹; denn zu fragen wagte
Zwar keiner mich, wenn ich den Vorhang hier
Beiseite schob (was keiner außer mir
Je tut), doch sah, wie Sie, noch jeder mich
So an, als fragte er, wie ihre Augen sich
Zu solchem Blick verklärten. Sir, nicht nur
Dem Gatten gab sie diesen Blick retour.
Vielleicht sagt Pandolph grad: ›Ihr Mantel hängt
Zu tief, Mylady, überm Handgelenk‹
Oder ›Mylady, keine Farbe kann
An Eures Halses zarten Hauch heran‹.
Sie hielt's für Höflichkeit, mehr sicher nicht,
Doch trieb es ihr die Röte ins Gesicht.
Ihr Herz – wie soll ich sagen – war zu leicht
Erfreut, zu leicht bewegt, wurde erreicht
Von jedem, den sie ansah, und sie hatte
Für jeden einen Blick, ob es der Gatte,
Ob es ein Diener war, der ihr was brachte.
Sie freute sich des Abendrots und lachte
Wenn sie ihr weißes Maultier ritt – und immer
Ein Gruß, ein Wort, gesenkter Blick, ein Schimmer,
Wenn sie errötete. Sie dankte – gut –,
Doch so, als sei, was ihr ein Diener tut,
Gleich wert wie mein fast tausendjähr'ger Name.
Nun ja, mein Stolz ertrug es nicht, die Dame
Zu tadeln, noch mit Redekunst zu sagen
– die Gabe fehlt mir –: ›Lady, Ihr Betragen
Mißfällt mir. Laßt das!‹ Selbst wenn, so gerügt,
Sie meinem Willen klaglos sich gefügt

## Neuere Gedichtformen

Und sich entschuldigt hätt, wär's irgendwie
Erniedrigend gewesen. Das gab's nie
Bei mir. Gewiß, sie lächelte mich an,
Wenn sie mich sah, doch war's, was jedermann
Von ihr empfing. Das wuchs. Ich gab Befehl,
Das Lächeln hörte auf. Dort am Paneel
Ihr Bild, als ob sie lebt. Wenn es beliebt,
Laßt uns jetzt zu den andern gehn. Es gibt
Von seiten Eures Herrn doch, will ich hoffen,
Nichts, was in puncto Mitgift jetzt noch offen.
Natürlich ist's nicht das, worum's mir geht,
Sondern allein die schöne Tochter. Seht
Dort in der Nische den Neptun, wie er
Ein Seepferd zähmt. Ein seltnes Stück – und schwer:
Ist's nicht ein wahrhaft stattlicher Koloß,
Den Claus von Innsbruck mir in Bronze goß?

(Übers. vom Verfasser)

Der Monolog ist einem Herzog in den Mund gelegt, der einen Gast durch sein Haus führt und ihm dabei ein Bildnis der verstorbenen Herzogin zeigt. Sein Kommentar zu dem Bild weckt den Verdacht, dass er seine Frau auf irgendeine Weise hat umbringen lassen. Am Schluss erfährt man, dass der Gast ein Abgesandter des zukünftigen Schwiegervaters ist, der mit dem Herzog einen Ehevertrag aushandeln soll, bei dem es diesem trotz seiner gegenteiligen Beteuerung vor allem um die Mitgift geht. Brownings Einfluss ist es hauptsächlich zuzuschreiben, dass die moderne englische Lyrik einen viel spröderen, vom romantischen Lied weit entfernten Ton entwickelt hat, während die modernen deutschen Dichter, selbst solche wie Gottfried Benn, überwiegend an der Volksliedstrophe und der durch sie repräsentierten romantischen Tradition festgehalten haben. Dabei verwendet Browning durchaus das konventionelle Mittel des Paarreims, doch er tut es so, dass man beim Lesen den Reim kaum spürt.

## Hauptformen der modernen Lyrik

In der Moderne hat die Lyrik ihren Grundcharakter stärker gewandelt als jemals zuvor; denn gerade die Merkmale, die bis dahin für sie charakteristisch waren – nämlich Metrum, Reim und das lyrische Ich – traten jetzt in den Hintergrund. Bevor wir uns aber den Hauptformen der modernen Lyrik zuwenden, wollen wir erst einmal einen Blick zurück auf die Tradition der europäischen Lyrik insgesamt werfen, in der die Moderne selbst dann noch steht, wenn sie sich bewusst von ihr distanziert.

In der antiken Rhetorik unterschied man drei Stile: den einfachen (*genus tenue, subtile* oder *humile*), den mittleren (*genus medium, mediocre* oder *floridum*) und den erhabenen (*genus sublime* oder *grande*). Später wurde die Dreiteilung durch eine Zweiteilung ersetzt, den einfachen Stil (*ornatus facilis*) und den schweren (*ornatus difficilis*). Diese Stilebenen lassen sich auch in der Lyrik leicht unterscheiden. Daneben haben sich hier aber noch speziellere Traditionen ausgebildet. Eine der ältesten Rollen des Dichters ist die des Lobsängers, des Panegyrikers. In der Antike war es Aufgabe der Dichter, große Männer und große Ereignisse in erhabenem Stil dichterisch zu rühmen und der Nachwelt zu überliefern. In christlicher Zeit stimmten die Dichter statt dessen den Lobgesang auf Gottes Schöpfung an. Beides ist inzwischen völlig verschwunden. Die politische Panegyrik ist durch die peinlichen Lobhudeleien auf Hitler und Stalin restlos diskreditiert; und auch der Lobgesang auf die Schöpfung ist nach dem Barock nur noch von wenigen angestimmt worden. Der englische Jesuit Gerard Manley Hopkins (1844–89) dürfte einer der letzten gewesen sein, die ihn authentisch gesungen haben. Der hohe Ton des Sehers, wie ihn Pindar pflegte, hat sich aber für allgemeine Aussagen bis in unser Jahrhundert gehalten, wo Rilke, Trakl, Else Lasker-Schüler und andere ihn pflegten. Ingeborg Bachmann ist vom Geburtsjahr her die letzte, die mit der beschwörenden Stimme des Sehers für die ganze Menschheit sprach. Charakteristisch für ihren Ton ist das folgende Gedicht, das ihrem ersten Gedichtband den Titel gab.

### Die gestundete Zeit

Es kommen härtere Tage.
Die auf Widerruf gestundete Zeit
wird sichtbar am Horizont.
Bald mußt du den Schuh schnüren
und die Hunde zurückjagen in die Marschhöfe.
Denn die Eingeweide der Fische
sind kalt geworden im Wind.
Ärmlich brennt das Licht der Lupinen.
Dein Blick spurt im Nebel:
die auf Widerruf gestundete Zeit
wird sichtbar am Horizont.

Drüben versinkt dir die Geliebte im Sand,
er steigt um ihr wehendes Haar,
er fällt ihr ins Wort,
er befiehlt ihr zu schweigen,
er findet sie sterblich
und willig dem Abschied
nach jeder Umarmung.
Sieh dich nicht um.
Schnür deinen Schuh.
Jag die Hunde zurück.
Wirf die Fische ins Meer.
Lösch die Lupinen!

Es kommen härtere Tage.

Das Gedicht, das formal in der Tradition rhapsodischer Dichtung steht, spielt auf subtile Weise auf die Situation des Orpheus an, der Eurydike aus der Unterwelt zu holen versucht und sie wieder verliert, weil er sich gegen das Verbot nach ihr umsieht. Es wählt dafür den orphischen Gestus, den viele Lyriker seit Pindar gepflegt haben. Gleichzeitig stellt es aber den Sänger als einsam in einer immer kälter werdenden Welt dar. Ingeborg Bachmann hatte nicht nur keine Scheu, diesen orphischen Ton anzuschlagen, sie war zugleich eine große Formartistin, die es noch nicht für nötig hielt, sich durch ironische Brechung von der traditionellen Formkunst zu distanzieren. Im folgenden Gedicht schuf sie in Anlehnung an romanische Vorbilder eine Form, die deren Strenge sogar noch übertrifft.

*Die große Fracht*

> Die große Fracht des Sommers ist verladen,
> das Sonnenschiff im Hafen liegt bereit,
> wenn hinter dir die Möwe stürzt und schreit.
> Die große Fracht des Sommers ist verladen.
>
> Das Sonnenschiff im Hafen liegt bereit,
> und auf die Lippen der Gallionsfiguren
> tritt unverhüllt das Lächeln der Lemuren.
> Das Sonnenschiff im Hafen liegt bereit.
>
> Wenn hinter dir die Möwe stürzt und schreit,
> kommt aus dem Westen der Befehl zu sinken;
> doch offnen Augs wirst du im Licht ertrinken,
> wenn hinter dir die Möwe stürzt und schreit.

Der 23 Jahre ältere Peter Huchel hielt den hohen Ton noch länger durch. Er starb erst 1982. Seitdem ist diese lyrische Sprechweise aus der deutschen Verskunst so gut wie verschwunden, sie wird von den meisten Lesern und Kritikern sogar als anachronistisch, wenn nicht gar kitschig empfunden.

Noch charakteristischer als der hohe Ton ist für die deutsche Lyrik der Naturton. Spätestens seit der Romantik ist die vierzeilige Volksliedstrophe und die Hinwendung zur Natur das, was deutsche Lyrikleser spontan mit einem Gedicht assoziieren. Auch diese Tradition hat sich bis in die Gegenwart gehalten. Gleich nach dem Krieg kam es, offensichtlich als Reaktion auf das erlebte Grauen, zu einem Wiederaufblühen der Naturlyrik. Wilhelm Lehmann hatte schon vor dem Kriege damit begonnen, ebenso Peter Huchel und Günter Eich. Karl Krolow, Walter Höllerer und Heinz Piontek folgten in den fünfziger Jahren. Krolows Gedicht »Pappellaub« beginnt mit der folgenden, für die ganze Gruppe charakteristischen Strophe:

> Sommer hat mit leichter Hand
> Laub der Pappel angenäht.
> Unsichtbarer Schauer ist
> Windlos auf die Haut gesät.

In den fünfziger Jahren wurde diese »botanische Lyrik« von manchen Kritikern als Flucht in die Idylle kritisiert. Sie ist danach mehr und mehr in den Hintergrund getreten, doch Sarah Kirsch und andere stehen noch heute in ihrer Tradition. Den Gegensatz dazu bildet die artistisch-urbane Tradition, die vor allem von Gottfried Benn verkörpert wurde. Da die Bundesrepublik keine wirkliche Hauptstadt hatte, war es nur natürlich, dass sich die ohnehin schwach entwickelte Urbanität in ihr fast ganz verlor, so dass Benn zwar immer wieder zitiert wurde, aber nur wenig Einfluss hatte.

Eine andere, ebenfalls sehr alte dichterische Sprechhaltung ist die des Kritikers. Hans Magnus Enzensberger machte in den fünfziger Jahren Furore, als er mit seinem Versband *Verteidigung der Wölfe* buchstäblich wie ein Wolf in den Schafstall der Adenauerzeit einbrach und der neudeutschen Idylle ihre Satiriertheit vorhielt. Der kritische Ton, teils ernsthaft-bitter, teils witzig-satirisch, hat sich bis heute gehalten und nimmt in der Nachkriegslyrik breiten Raum ein.

Enzensbergers »Gedicht für die Gedichte nicht lesen« beginnt mit den Worten:

> Wer ruft mit abgerissenem Mund
> aus der Nebelkammer? Wer schwimmt,
> einen Gummiring um den Hals,
> durch diese kochende Lache
> aus Bockbier und Blut?
>                         er ist es,
> für den ich dies in den Staub ritze,
> er, der es nicht entziffert.

In Enzensbergers Gedichten aus den fünfziger Jahren ist bei aller Bitterkeit immer noch das lyrische Ich präsent, das für sich in Anspruch nimmt, der Menschheit die Leviten lesen zu dürfen. Später verschwindet es aus der zeitkritischen Dichtung und macht einer scharfzüngigen, oft witzig-pointierten Satire Platz.

Der engagierten Dichtung stand eine Zeitlang die Haltung des hermetischen Dichters gegenüber, die beispielhaft durch Paul Celan verkörpert wurde. Er ist der schwierigste unter den modernen Metapherndichtern, da er mit einem Bildvokabular arbeitet, das einer eigenen Sprache gleicht, die man erst lernen muss, um in die Gedichte eindringen zu können. In den sechziger Jahren folgten viele seinem Beispiel, und es kam zu einer üppigen Produktion von Metaphernlyrik, die oft etwas Beliebiges hatte und nicht selten bloße Unverständlichkeit als Tiefsinn ausgab.

Mit den gesellschaftlichen Veränderungen von 1968 kam eine neue dichterische Sprechweise auf, die sich – oft in Verbindung mit Musik – an eine große Zuhörerschaft wandte. Es war eine Form von Lyrik, die vor dem Krieg bereits Bertolt Brecht populär gemacht hatte. Am bekanntesten wurde unter seinen Nachfolgern Wolf Biermann. Aber auch viele andere pflegten den Brecht-Ton und bedienten sich seiner holzschnittartig-einfachen Formen, so vor allem Erich Fried. Prägnante Spruchdichtung, Balladen im Volksliedton und eingängige Chansontexte sind typischer Ausdruck dieser bewusst nach Volkstümlichkeit strebenden politisch-agitatorischen Lyrik. Hier die erste Strophe von Wolf Biermanns Gedicht »Ermutigung«, das er Peter Huchel gewidmet hat:

> Du, laß dich nicht verhärten
> In dieser harten Zeit
> Die all zu hart sind, brechen
> Die all zu spitz sind, stechen
> und brechen ab sogleich

Hier werden die konventionellen Stilmittel des Reims, des Metrums und der Wortwiederholung durch den Verzicht auf die übliche Zeichensetzung mit einem modernisierten Gewand versehen. Die gleiche Mischung aus Tradition und Modernisierung kennzeichnet auch Biermanns musikalischen Vortrag.

Bei Kurt Bartsch wird der Brecht-Ton zum Teil virtuos mit dem kabarettistischen Sprachwitz eines Erich Kästner verschmolzen wie in dem folgenden Gedicht:

*Sozialistisches Biedermeier*

> Zwischen Wand- und Widersprüchen
> Machen sie es sich bequem.
> Links ein Sofa, rechts ein Sofa
> In der Mitte ein Emblem.
>
> Auf der Lippe ein paar Thesen
> Teppiche auch auf dem Klo.
> Früher häufig Marx gelesen.
> Aber jetzt auch so schon froh.
>
> Denn das »Kapital« trägt Zinsen:
> Eignes Auto. Außen rot.
> Einmal in der Woche Linsen.
> Dafür Sekt zum Abendbrot.

> Und sich noch betroffen fühlen
> Von Kritik und Ironie.
> Immer eine Schippe ziehen
> Doch zur Schippe greifen nie.
>
> Immer glauben, nur nicht denken
> Und das Mäntelchen im Wind.
> Wozu noch den Kopf verrenken
> Wenn wir für den Frieden sind?
>
> Brüder, seht die rote Fahne
> Hängt bei uns zur Küche raus.
> Außen Sonne, innen Sahne
> Nun sieht Marx wie Moritz aus.

Wolf Biermann, Franz Josef Degenhardt und andere Chansondichter haben sich das große Verdienst erworben, der Versdichtung ihren Platz in der stetig anwachsenden Musikszene erhalten zu haben.
Ein anderer moderner Ton wurde von Reiner Kunze gepflegt. Formal knüpfte auch er an die Spruchdichtung Brechts an, doch wollte er mit seinen auf wenige Worte konzentrierten Texten nicht wie die Brechtschüler zu politischem Handeln aufrufen, vielmehr drückt sich darin auf ganz altmodische Weise dichterische Subjektivität aus. Das Wiedererkennen dieser fast schon verloren geglaubten lyrischen Substanz dürfte der Grund dafür sein, dass Kunze trotz seines schmalen Œuvres so großen Erfolg hatte. Hier ein Beispiel:

*Selbstmord*

die letzte aller türen

doch nie hat man
an alle schon geklopft

Die Spruchdichtung ist die verbreitetste Form in der deutschen Nachkriegslyrik, doch wird sie meist – wie bei Erich Fried und anderen – mit zeitkritischer Stoßrichtung versehen, während Kunze in traditioneller Manier das Allgemeinmenschliche ausspricht.

Eine andere Rolle des Dichters, die ebenfalls auf eine lange Tradition zurückgeht, ist die des Wortartisten. In der deutschen Lyrik nach dem Kriege ist Peter Rühmkorf ein typisches Beispiel. Er bedient sich des überlieferten Repertoires von Formen und poetischen Versatzstücken und montiert aus ihnen wirkungsvolle Verse mit rhythmischer Finesse und satirischem Biss. So beginnt sein Gedicht »Auf eine Weise des Joseph Freiherrn von Eichendorff« mit der Strophe:

> In meinem Knochenkopfe
> da geht ein Kollergang,
> der mahlet meine Gedanken
> ganz außer Zusammenhang.

Der bekannteste deutsche Wortartist dürfte allerdings der Österreicher Ernst Jandl sein, von dem das folgende Gedicht immer wieder zitiert wird:

> *lichtung*
>
> manche meinen
> lechts und rinks
> kann man nicht
> velwechsern.
> werch ein illtum!

Zu den Wortartisten gehören auch die Vertreter der sogenannten konkreten Poesie, die – wie Helmut Heißenbüttel, Eugen Gomringer und Franz Mon – Wörter zu graphischen Mustern zusammenfügten, um dadurch neue Aussagemöglichkeiten zu erschließen. Hinter all diesen Sprachspielereien, vor allem, wenn sie mit Witz verbunden sind, spürt man das Vorbild des Dadaismus.

Überblickt man die deutsche Lyrik der Nachkriegszeit bis zum Beginn der achtziger Jahre, so zeigt sich, dass die vier wirksamsten Formkräfte die romantische Naturlyrik (in den 50er Jahren bei Huchel, Krolow, Höllerer und Piontek, später bei Sarah Kirsch), der Brecht-Ton (bei Erich Fried, Günter Kunert und fast allen zeitkritischen Dichtern), der Dadaismus (bei H. C. Artmann, Heißenbüttel, Jandl, Franz Mon und Gerhard Rühm) und für kurze Zeit der französische Symbolismus (bei Celan und Ernst Meister) waren. Verhältnismäßig isoliert und unabhängig von den genannten Traditionen ragen Enzensberger, Ingeborg Bachmann und später Huchel heraus. Der letztgenannte wurzelt am tiefsten in der deutschen Lyriktradition. In seinem reifen Werk scheinen sich die genannten Traditionen mit Ausnahme des Dadaismus zu einer vollkommenen Einheit zu verbinden. Das folgende Gedicht aus dem Band *Chausseen Chausseen* von 1963 mutet wie eine Synthese aus Naturlyrik, Symboldichtung und didaktischem Brecht-Ton an, zusammengehalten durch die priesterliche Sprechweise, die inzwischen ganz aus der Lyrik verschwunden ist.

*Der Garten des Theophrast*
Meinem Sohn

Wenn mittags das weiße Feuer
Der Verse über den Urnen tanzt,
Gedenke, mein Sohn. Gedenke derer,
Die einst Gespräche wie Bäume gepflanzt.
Tot ist der Garten, mein Atem wird schwerer,
Bewahre die Stunde, hier ging Theophrast,
Mit Eichenlohe zu düngen den Boden,
Die wunde Rinde zu binden mit Bast.
Ein Ölbaum spaltet das mürbe Gemäuer
Und ist noch Stimme im heißen Staub.
Sie gaben Befehl, die Wurzel zu roden.
Es sinkt dein Licht, schutzloses Laub.

Reim und Metrum, hier noch konsequent beibehalten, hat Huchel später aufgegeben, doch die übrigen Qualitäten des Gedichts traten in seinem Spätwerk mit zunehmender Reinheit und Dichte hervor und ließen ihn in den siebziger Jahren wie einen Riesen aus archaischer Zeit erscheinen, neben dem sich die zeitgenössischen Nachwuchspoeten mit ihrer postmodernen Respektlosigkeit wie aufmüpfige Zwerge ausnehmen.

## Versdichtung heute

Die zeitgenössische Lyrik ist durch den paradoxen Zustand charakterisiert, dass es, etwas überspitzt gesagt, mehr Dichter als Leser gibt. Lyrikbände und Verse in Kleinstzeitschriften kommen in großer Fülle auf den Markt, doch eine echte Leserschaft haben sie nicht. Wenn eine verkaufte Ausgabe von zweitausend schon als Erfolg gilt, heißt das bei einem deutschsprachigen Lesepublikum von ca. 70 Millionen, dass die Lyrik in eine winzige Nische abgedrängt ist und selbst bei der gebildeten Mittelschicht kaum noch Interesse findet. Was den traditionellen Lyrikleser von zeitgenössischen Gedichten abhält, ist vor allem der Umstand, dass er sie nicht mehr als Gedichte empfindet, da ihnen die klassischen Merkmale der Lyrik fehlen, nämlich Reim, Metrum und das lyrische Ich. Hermann Hesse, für den die drei Dinge noch selbstverständlich waren, erreichte mit seiner in der Insel-Bücherei erschienenen Gedichtauswahl *Vom Baum des Lebens* eine sechsstellige Gesamtauflage; und der 1984 verstorbene englische *poet laureate* John Betjeman, der sich des ganzen traditionellen Formeninventars bediente, fand für seine *Collected Poems* sogar über eine Million Käufer. Die bei Suhrkamp und anderswo erscheinenden zeitgenössischen Dichter finden zwar im Feuilleton der renommierten Zeitungen überproportional hohe Beachtung, nur gelesen werden sie nicht.

Da den meisten heutigen Gedichten das fehlt, was wir als die Merkmale gebundener Sprache dargestellt haben, stellt sich die Frage, ob man hier überhaupt noch von Versen sprechen kann. Um Verse im Sinne von »Furchen« handelt es sich zweifellos; denn der Zeilenbruch ist das, woran man stets erkennt, dass solche Texte Gedichte sein wollen. Oft ist es aber das einzige, wodurch sie sich von Prosa unterscheiden. Den folgenden Text könnte man sich beispielsweise gut in einem modernen Roman vorstellen:

> Erst park ich das Auto unter dem regengrauen Himmel. Dann glotzen die jungen Bullen stumm. Dann fährt ein kleiner Schiffsmast auf dem Deich lang. Das hat schon den Weg gelohnt. Die Deichkrone ist voller Gänsescheiße, und das Gehen macht keinen richtigen Spaß. Sind das nun Schopftintlinge oder was? Muß Katja anrufen und nach der Zubereitung fragen. Nein, so einfach ist es nicht mit den Gedichten. Schön wär's. Jedenfalls, wie ich abfahr, da schlägt der Himmel ein teuflisch goldenes Auge auf.

Das klingt so, als habe sich ein Dichter wie ein Pilzesammler auf die Suche nach einem lyrischen Motiv begeben und sei enttäuscht über die unpoetische Ausbeute, aus der sich beim besten Willen kein Gedicht machen lässt. Und doch hat Uwe Kolbe, der Verfasser, den Text in Verse gebracht, die am 6. August 1995 in der Berliner Zeitung *Der Tagesspiegel* zu lesen waren.

### Ausflug ohne Muse

> Erst park ich das Auto unter dem regengrauen Himmel.
> Dann glotzen die jungen Bullen stumm.
> Dann fährt ein kleiner Schiffsmast auf dem Deich lang.
> Das hat schon den Weg gelohnt.
> Die Deichkrone ist voller Gänsescheiße, und das Gehen
> macht keinen richtigen Spaß.

Sind das nun Schopftintlinge oder was?
Muß Katja anrufen und nach der Zubereitung fragen.
Nein, so einfach ist das nicht mit den Gedichten.
 Schön wär's.
Jedenfalls, wie ich abfahr, da schlägt der Himmel
ein teuflisch goldenes Auge auf.

Kolbe bringt den scheinbar so unpoetischen Stoff in eine kaum merkliche Ordnung, wobei er sogar auf das verzichtet, was frühere Dichter durch freie Rhythmen erreichten, nämlich den von Prosa abweichenden rhythmisierten Sprechduktus. Das Gedicht reiht lakonische Sätze aneinander. Bei genauerem Lesen wird man allerdings finden, dass sie sich in drei Abschnitte gliedern. Die ersten sechs Zeilen beschreiben die wahrgenommene objektive Wirklichkeit. Die nächsten vier drücken die subjektiv-private Reaktion darauf aus; und die letzten zwei beschwören ein tableauartiges Bild, das nun in die prosaische Wirklichkeit tatsächlich etwas eindeutig Poetisches einbrechen lässt. Das ist ein Drei-Schritt-Schema, wie man es in der Lyrik oft antrifft, z. B. in Shakespeares Sonetten. Einem Text, der eine solche Struktur erkennen läßt, wird man deshalb die Bezeichnung Gedicht nicht absprechen können. Im übrigen hat der vorliegende auch noch so etwas wie ein lyrisches Ich, wenngleich es nicht in der traditionellen überpersönlichen Form, sondern als ganz privates Subjekt spricht.

Ein Großteil zeitgenössischer Lyrik hat aber nicht einmal diese Reste von Tradition, sondern scheint nur noch aus in Zeilen gebrochener Prosa zu bestehen. So würde sich wahrscheinlich kaum ein Leser wundern, wenn er in einem Gedichtband auf den folgenden Text stieße:

 Unwirsch kommt einer daher
 und inszeniert die karge
 Abfolge von Bewegungsmomenten.
 Gedicht ist Ausflug
 (für Uwe Kolbe) und

> weil Grau die Farbe ist,
> in der er lebt,
> muß auch der Himmel
> regengrau sein.

Es ist aber gar kein Gedicht, sondern nur der willkürlich in Zeilen gebrochene Kommentar, der dem obigen Gedicht im *Tagesspiegel* beigegeben wurde. Obwohl wir kein einziges Wort geändert haben, klingt der Text schon ein wenig wie die spröden, gleichsam eingedampften Spruchgedichte, die Brecht in die moderne Versdichtung eingeführt hat und die es den Dichtern seitdem gestatten, auch solche Dinge auszusprechen, die im traditionellen romantisierenden Ton nicht lyrikfähig waren.

Spruchdichtung à la Brecht ist die eine der beiden dichterischen Sprechweisen, die die zeitgenössische Lyrik beherrschen. Die andere ist das gewalttätige und bewusst vulgäre Zusammenfügen von Fetzen des Alltagsjargons zu einer sprachlichen Worthalde, die nun nicht mehr »eingedampft«, sondern »aufgequollen« wirkt, was aber ebenfalls Verfremdung, also Abweichung und damit poetischen Reiz bewirkt, allerdings nur für solche Leser, deren an klassisches Belcanto gewöhntes Ohr sich dadurch nicht verletzt fühlt. Ein Beispiel dafür war am 5. November 1995 an der gleichen Stelle im *Tagesspiegel* zu lesen. Es stammt von Bert Papenfuß (der sich in früheren Gedichtbänden Papenfuß-Gorek nannte).

> das derzeitige menschliche leben
> eines der schwierigsten übrigens
> ist kostspielig & zeitraubend
> wir hospitalisieren uns selbst
> & sind unsre eigene polizei dabei
> lackmeier, geldverdienen ist beschiß
> im besten falle gnadenbrot & heldentod
> zwischen frühstück und retourkutsche
> steht die schrunst an der wand stramm

> & fällt pyramidal in ein nickerchen
> aus dem bisher noch niemand erwacht ist
> wetware crisis, lebenswucher der stütze
> manschetten, mein lieber saberschinski
> mach dir man nich in die porzellanhosen
> seifensieder, geldverdienen ist beschuß
> verstandez-vouz? u. a. w. g., m. b. h. !
> mach staub, proscher, zerhack die kommode
> darauf eine stiege hirschnackenbier light

Hier werden Scherben der Alltagssprache, vermischt mit Insider-Jargon aus dem Prenzlauer Berg von Berlin, zu einer Collage zusammengefügt, die den Leser jedesmal, wenn er glaubt, einen Sinnzipfel erhascht zu haben, von neuem frustriert. Wer in »schrunst« eine Zusammenziehung von ›Schreibkunst‹ vermutet, wird in dem Gedicht vielleicht satirische Bitterkeit spüren. Doch eine Stoßrichtung ist nicht erkennbar. Allenfalls kann man den Text als einen zynischen Rundumschlag gegen die gesamte Gegenwartskultur lesen. Doch zugleich spürt man darin auch so etwas wie ein lustvolles Sich-Suhlen in der Vulgarität. Dieses eigenartige neo-barocke Gemisch ist das Kennzeichen einer Haltung, die man inzwischen als postmodern bezeichnet und die sich überall in der westlichen Welt und in allen Kunstbereichen beobachten lässt.

Die beiden zeitgenössischen Sprechweisen, die »eingedampfte« lakonische, noch der klassischen Moderne verpflichtete und die »aufgequollene« neo-barocke, verbinden sich in unserm nächsten Beispiel aus der Feder des zur Zeit wohl erfolgreichsten deutschen Lyrikers. Es ist Durs Grünbein, der 1995 mit dem Georg Büchner-Preis ausgezeichnet wurde. In seinem 1994 bei Suhrkamp erschienenen Gedichtband *Den Teuren Toten. 33 Epitaphe* findet sich das folgende Gedicht:

*Berlin.* Ein Toter saß an dreizehn Wochen
Aufrecht vorm Fernseher, der lief, den Blick
Gebrochen. Im Fernsehn gab ein Fernsehkoch
Den guten Rat zum Kochen.
      Verwesung und Gestank im Zimmer,
Hinter Gardinen blaues Flimmern, später
Die blanken Knochen.
      Nichts
Sagten die Nachbarn, die ihn scheu beäugten, denn
Sie alle dachten längst: »Ich hab's
Gerochen.«
      Ein Toter saß an dreizehn Wochen ...
Es war ein fraglos schönes Ende.
            Jahrhundertwende.

Hier wird in bewusst vulgarisierter Form mit Versatzstücken traditioneller Lyrik gespielt. Reim und refrainartige Wiederholung der Anfangszeile werden wie aus der Rumpelkammer der Lyriktradition zitiert, bis der anonyme Sprecher zuletzt in fast gelangweiltem Ton ein zynisches Fazit zieht. Das Zitieren von Bildungsgut, dem aber keinerlei Wert beigemessen wird, beginnt bereits beim Motto des Bandes, der angeblich »bekannten altrömischen Abkürzungsformel« n. f. n. s. n. c. Aus dem ironischen Nachwort des Dichters erfährt man, dass sie für die lateinischen Worte

      non fui non sum non curo

steht, die Grünbein so übersetzt: »Ich bin nicht gewesen, ich bin nicht, es ist mir gleich.« Darin drückt sich jene postmoderne Gleichgültigkeit aus, die gewöhnlich mit dem englischen Satz »anything goes« umschrieben wird.
Wer das Prinzip ernst nimmt und auf die Kunst anwendet, müsste konsequenterweise jedem seine eigene Kunstauffassung zugestehen. Am radikalsten hat diese Konsequenz Joseph Beuys gezogen, der landauf, landab seinen »erweiterten Kunstbegriff« propagierte. Beuys übertrug das Prinzip

der Demokratie radikal auf die Kunst und erklärte, jeder habe das Recht, seine eigene Kunst zu definieren. Damit wollte er die jahrtausendealte Hierarchisierung aus der Kunst austreiben. Doch paradoxerweise erreichte er das genaue Gegenteil. Jetzt sind seine Werke in den gleichen Museen ausgestellt, die die Hierarchie überhaupt erst begründet und zementiert haben.

Offensichtlich ist eine konsequent egalitäre, demokratische Kunst gar nicht möglich, da zu ihrem Wesen das Können gehört. Können aber wird grundsätzlich an einem vertikalen Maßstab gemessen. Deshalb wird auch in der Lyrik nur das überdauern, was durch Originalität und vollständige formale Bewältigung Bewunderung abnötigt. Vorübergehend lässt sich das Publikum auch durch verspielte Mätzchen amüsieren, doch auf die Dauer setzt sich nur das durch, was gefällt. Zum Gefallen aber gehört, dass ein Gedicht eine komplexe Ordnung aufweist, die der Leser mit Lustgewinn auf eine niedrigere Komplexitätsebene reduzieren kann, womit wir wieder am Anfang unseres Buches wären.

# Verfasser- und Quellenverzeichnis der zitierten Texte

Anonym

*Dat gefregin ih mit firachim* (aus: »Wessobrunner Gebet«) . . 36

Aus: Das große deutsche Gedichtbuch. Hrsg. von Karl Otto Conrady. Kronberg i. Ts.: Athenäum Verlag 1977.

*Der Herr, der schickt den Jockel aus* . . . . . . . . . . . . . . 46

Aus: Hausbuch der schönsten deutschen Kindergedichte. Gesammelt von Herbert Heckmann und Michael Krüger. Reinbek bei Hamburg: Rowohlt 1974.

*Die Leber ist von einem Hecht* . . . . . . . . . . . . . . . . . 136

Aus: Gerhard Grümmer, Spielformen der Poesie. Leipzig: VEB Bibliographisches Institut 1985.

*Edward* . . . . . . . . . . . . . . . . . . . . . . . . . . . . . 110

Englisches Original in: Englische und amerikanische Balladen. Zweisprachig. Ausgew. und hrsg. von Gisela Hoffmann. Stuttgart: Reclam 1982.

*Eiris sazun idisi, sazun hera duoder* . . . . . . . . . . . . . . 105

Aus: Das große deutsche Gedichtbuch. Hrsg. von Karl Otto Conrady. Kronberg i. Ts.: Athenäum Verlag 1977.

*Es klapperten die Klapperschlangen* . . . . . . . . . . . . . . 60

Aus: Deutsche Unsinnspoesie. Hrsg. von Klaus Peter Dencker. Stuttgart: Reclam 1978.

*Ich sage gänzlich ab* . . . . . . . . . . . . . . . . . . . . . . 145

Aus: Gerhard Grümmer, Spielformen der Poesie. Leipzig: VEB Bibliographisches Institut 1985.

## Verfasser- und Quellenverzeichnis

*O hängt ihn auf* .................................. 145
Aus: Drehorgel. Ein Liederbuch für fröhliche Kreise. Hrsg. und bearb. von Erwin Schwarz-Reiflingen. Leipzig: Sikorski 1941.

*There once was a lady from Exeter* ................ 138
Aus: Limericks, Limericks. Hrsg. von Jürgen Dahl. Frankfurt a. M.: Fischer Taschenbuch Verlag 1967.

*Uns ist in alten mæren wunders vil geseit* .......... 53,91
Aus: Das Nibelungenlied. Nach der Ausg. von Karl Bartsch hrsg. von Helmut de Boor. Wiesbaden: Brockhaus ¹³1956.

*Zwei Knaben gingen durch das Korn* .............. 136
Aus: Deutsche Unsinnspoesie. Hrsg. von Klaus Peter Dencker. Stuttgart: Reclam 1978.

Angelus Silesius (Pseudonym für: Johannes Scheffler, 1624–77)
*Mensch, werde wesentlich* ......................... 97
Aus: Cherubinischer Wandersmann. Krit. Ausg. Hrsg. von Louise Gnädinger. Stuttgart: Reclam 1984.

Bachmann, Ingeborg (1926–73)
*Die gestundete Zeit* ............................... 157
*Die große Fracht* ................................. 158
Aus: Gedichte. Erzählungen. Hörspiele. Essays. München: Piper 1964.

Bartsch, Kurt (geb. 1937)
*Sozialistisches Biedermeier* ........................ 161
Aus: Die Lachmaschine. Berlin: Wagenbach 1971.

Bashô, Matsuo (1644–94)
*Alter Teich in Ruh* ............................... 134
Aus: Vollmond und Zikadenklänge. Japanische Verse und Farben. Übers. von Gerolf Coudenhove. Gütersloh: Bertelsmann 1955.

## Verfasser- und Quellenverzeichnis

Benn, Gottfried (1886–1956)
*Ein Wort* .................................... 17
Aus: Gesammelte Werke. Hrsg. von Dieter Wellershoff. Bd. 1. Wiesbaden: Limes Verlag 1960. © Arche Verlag Zürich.

Bentley, Edmund Clerihew (1875–1956)
*The people of Spain think Cervantes* .............. 139
Aus: Clerihews Complete. London: Laurie 1951.

Biermann, Wolf (geb. 1936)
*Du, laß dich nicht verhärten* (aus »Ermutigung«) ....... 161
Aus: Das große deutsche Gedichtbuch. Hrsg. von Karl Otto Conrady. Kronberg i. Ts.: Athenäum Verlag 1977.

Brecht, Bertolt (1898–1956)
*Auf einen chinesischen Theewurzellöwen* ........... 17
*Die Lösung* .................................. 106
Aus: Gesammelte Werke in 20 Bänden. Bde. 8–10. Frankfurt a. M.: Suhrkamp 1967.

Browning, Robert (1812–89)
*My Last Duchess* .............................. 152
Aus: The Poems. Hrsg. von John Pettigrew. Bd. 1. New Haven: Yale UP 1981.

Busch, Wilhelm (1832–1908)
*Jeder weiß, was so ein Mai-* ..................... 61
Aus: Hist.-krit. Gesamtausg. Hrsg. von Friedrich Bohne. Wiesbaden/Berlin: Vollmer [o. J.].

Claudius, Matthias (1740–1815)
*Der Mond ist aufgegangen* (aus: »Abendlied«) ........ 93
*Der Tod und das Mädchen* ...................... 69
*Im Hexameter zieht der ästhetische Dudelsack Wind ein* .. 81
Aus: Sämtliche Werke. Textredaktion Jost Perfahl. München: Winkler 1968.

Droste-Hülshoff, Annette von (1797–1848)

*Durchwachte Nacht* . . . . . . . . . . . . . . . . . . . . . 30

Aus: Hist.-krit. Ausg. Hrsg. von Winfried Woesler. Bd. I,1. Tübingen: Niemeyer 1985.

Eich, Günter (1907–72)

*Über den Brennesseln beginnt* (aus »Schuttablade«) . . . . . 63

Aus: Gesammelte Werke. Bd. 1. Frankfurt a. M.: Suhrkamp 1973.

Eichendorff, Joseph Freiherr von (1788–1857)

*Es war, als hätt der Himmel* (aus »Mondnacht«) . . . . . . . 51
*Ich wandre durch die stille Nacht* (aus »Nachts«) . . . . . . . 44
*In einem kühlen Grunde* (aus »Das zerbrochene Ringlein«) . 51
*Laue Luft kommt blau geflossen* (aus »Frische Fahrt«) . . . . 43
*Von Bergeshöhen Abendstrahlen fließen* (»Sestine«) . . . . . 121
*Wem Gott will rechte Gunst erweisen* (aus »Der frohe Wandersmann«) . . . . . . . . . . . . . . . . . . . . . . . . . . . 88
*Wenn die Bergesbäche schäumen* . . . . . . . . . . . . . . . 47

Aus: Gesammelte Werke. Hrsg. von Manfred Häckel. Bd. 1. Berlin: Aufbau-Verlag 1962.

Enzensberger, Hans Magnus (geb. 1929)

*Die Verschwundenen* . . . . . . . . . . . . . . . . . . . . . 26
*Ins Lesebuch für die Oberstufe* . . . . . . . . . . . . . . . . 150
*Wer ruft mit abgerissenem Mund* (aus »Gedicht für die Gedichte nicht lesen«) . . . . . . . . . . . . . . . . . . . . 160

Aus: Die Gedichte. Frankfurt a. M.: Suhrkamp 1983.

Fontane, Theodor (1819–98)

*»Ich hab es getragen sieben Jahr«* (aus »Archibald Douglas«) 90

Aus: Gedichte. Hrsg. von Joachim Krueger und Anita Golz. Bd. 1. Berlin: Aufbau-Verlag 1989.

### George, Stefan (1868–1933)

*Wir schreiten auf und ab im reichen flitter* . . . . . . . . . . . 25

Aus: Das Jahr der Seele. In: Gesamt-Ausg. der Werke in endgültiger Fassung. Bd. 4. Berlin: Bondi 1928.

### Gerhardt, Paul (1607–76)

*Geh aus mein Herz* (aus »Sommergesang«) . . . . . . . . . . 66

Aus: Wach auf, mein Herz, und singe. Gesamtausg. seiner Lieder und Gedichte. Hrsg. von Eberhard von Cranach-Sichard. Wuppertal: Oncken 1982.

### Goethe, Johann Wolfgang (1749–1832)

*Alles Vergängliche* (aus »Faust II«) . . . . . . . . . . . . . . . 78
*Bewundert viel und viel gescholten, Helena* (aus »Faust II«) 82
*Daimon* (aus »Urworte Orphisch«) . . . . . . . . . . . . . . . . 6
*Das Sonett* . . . . . . . . . . . . . . . . . . . . . . . . . . . . . . . 126
*Dem Geier gleich* (aus »Harzreise im Winter«) . . . . . . . . 76
*Der Türmer, der schaut zu Mitten der Nacht* (aus »Der Totentanz«) . . . . . . . . . . . . . . . . . . . . . . . . . . . . . . . . . 94
*Ganymed* . . . . . . . . . . . . . . . . . . . . . . . . . . . . . . . . 102
*Gefunden* . . . . . . . . . . . . . . . . . . . . . . . . . . . . . . . . 68
*Gesang der Geister über den Wassern* . . . . . . . . . . . . . 72
*Habe nun ach! Philosophie* (aus »Faust I«) . . . . . . . . . . . 37
*Ihr naht euch wieder, schwankende Gestalten* (aus »Faust I«) 94
*Im Hexameter steigt des Springquells flüssige Säule* (aus Goethe/Schiller »Xenien«) . . . . . . . . . . . . . . . . . . . . . . 81
*Im Namen dessen, der sich selbst erschuf* (aus »Prooemion«) 40
*Liegt dir gestern klar und offen* . . . . . . . . . . . . . . . . . . 106
*Meeresstille* und *Glückliche Fahrt* . . . . . . . . . . . . . . . . 49
*Tolle Zeiten hab ich erlebt* (aus »Venetianische Epigramme«) 34
*Was soll ich nun vom Wiedersehen hoffen* (aus »Elegie«) . . 93
*Willst du ins Unendliche schreiten* . . . . . . . . . . . . . . . . 105

Aus: Werke. Hamburger Ausg. Hrsg. von Erich Trunz. Bd. 1, 2 und 3. Hamburg: Wegner 1948 ff.

# Verfasser- und Quellenverzeichnis

Góngora y Argote, Luis de (1561–1627)

*Mientras por competir* . . . . . . . . . . . . . . . . . . . . . . 38

Aus: Sonetos completos. Hrsg. von Birute Ciplijauskaite. Madrid: Clasicos Castalia 1969.

Grünbein, Durs (geb. 1962)

*Berlin. Ein Toter saß an dreizehn Wochen* . . . . . . . . . . . 170

Aus: Den Teuren Toten. 33 Epitaphe. Frankfurt a. M.: Suhrkamp 1994.

Gryphius, Andreas (1616–64)

*Menschliches Elend* . . . . . . . . . . . . . . . . . . . . . . . . 56

Aus: Deutsche Barocklyrik. Eine Auswahl. Hrsg. von Herbert Cysarz. 2., erw. Aufl. Stuttgart: Reclam 1960.

Hagedorn, Friedrich von (1708–54)

*Der erste May* . . . . . . . . . . . . . . . . . . . . . . . . . . 115

Aus: Dichtung des Rokoko nach Motiven geordnet. Hrsg. von Alfred Anger. Tübingen: Niemeyer 1958.

Haraucourt, Edmond (1858–1942)

*Rondel de l'adieu* . . . . . . . . . . . . . . . . . . . . . . . . 113

Aus: Les Riches Heures de la poésie française. Les 300 poèmes les plus célèbres à lire ou à relire. Hrsg. von Luc Decaumes. Paris: Seghers 1979.

Havemann, Julius (1866–1932)

*Die Wälder lagen tief und groß* . . . . . . . . . . . . . . . . . 46

Aus: Deutsche Lyrik seit Goethes Tod bis auf unsere Tage. Ausgew. von Maximilian Bern. Neue, wesentlich verb. Ausg. Berlin: Hesse [18]1922.

## Heine, Heinrich (1797–1856)

*Der Asra* ........................................... 120
*In dem schwarzen Felsenkessel* (aus »Atta Troll«) ........ 59
*Denk ich an Deutschland in der Nacht* (aus »Nachtgedanken«) .......................................... 62
*Phöbus, in der Sonnendroschke* (aus »Atta Troll«) ....... 58

Aus: Sämtliche Schriften. Hrsg. von Klaus Briegleb. Bd. 1 und 4. München: Hanser 1976.

## Hölderlin, Friedrich (1770–1843)

*Heidelberg* .......................................... 98
*Nur einen Sommer gönnt, ihr Gewaltigen!* (aus »An die Parzen«) .............................................. 95

Aus: Sämtliche Werke. Kleine Stuttgarter Ausg. Hrsg. von Friedrich Beißner. Bd. 1 und 2. Stuttgart: Kohlhammer 1953.

## Hofmannsthal, Hugo von (1874–1929)

*Dann: daß ich auch vor hundert Jahren war* (aus »Terzinen über die Vergänglichkeit«) ............................ 88
*Reiselied* ........................................... 50

Aus: Sämtliche Werke. Krit. Ausg. Hrsg. von Rudolf Hirsch, Clemens Köttelwesch, Heinz Rölleke und Ernst Zinn. Frankfurt a. M.: S. Fischer 1984.

## Huchel, Peter (1903–81)

*Der Garten des Theophrast* ........................... 164

Aus: Gesammelte Werke. Hrsg. von Axel Vieregg. Bd. 1. Frankfurt a. M.: Suhrkamp 1984.

## Jandl, Ernst (1925–2000)

*lichtung* ............................................ 163

Aus: Laut und Luise. Mit einem Nachw. von Helmut Heißenbüttel. Stuttgart: Reclam 1977.

## Keats, John (1795–1821)

*Ode on Melancholy* . . . . . . . . . . . . . . . . . . . . . . . . . 99

Aus: The Complete Poems. Hrsg. von Miriam Allott. London: Longman 1970.

## Keller, Gottfried (1819–90)

*Augen, meine lieben Fensterlein* (aus »Abendlied«) . . . . . . 63
*Arm in Arm und Kron' an Krone* (aus »Waldlieder«) . . . . . 74

Aus: Sämtliche Werke in sieben Bänden. Bd. 1: Gedichte. Hrsg. von Kai Kauffmann. Frankfurt a. M.: Deutscher Klassiker Verlag 1995.

## Kerner, Justinus (1786–1862)

*Dort unten in der Mühle* (aus »Der Wanderer in der Sägemühle«) . . . . . . . . . . . . . . . . . . . . . . . . . . . . . . . . . . 89

Aus: Das große deutsche Gedichtbuch. Hrsg. von Karl Otto Conrady. Kronberg i. Ts.: Athenäum Verlag 1977.

## Klaj, Johann (1616–56)

*An eine Linde* . . . . . . . . . . . . . . . . . . . . . . . . . . . . . . 117
*Der Sommer kein Kummer- noch Trauernis leidet* (aus »Vorzug des Sommers«) . . . . . . . . . . . . . . . . . . . . . . . . . 42
*Kleines Bestiarum* . . . . . . . . . . . . . . . . . . . . . . . . . . . 62

Aus: Deutsche Barocklyrik. Eine Auswahl. Hrsg. von Herbert Cysarz. 2., erw. Aufl. Stuttgart: Reclam 1960.

## Klopstock, Friedrich Gottlieb (1724–1803)

*Schön ist Mutter Natur, deiner Erfindung Pracht* (aus »Der Zürchersee«) . . . . . . . . . . . . . . . . . . . . . . . . . . . . . . 96

Aus: Ausgewählte Werke. Hrsg. von Karl A. Schleiden. München: Hanser 1962.

## Kolbe, Uwe (geb. 1957)

*Ausflug ohne Muse* . . . . . . . . . . . . . . . . . . . . . . . . . . 166

Aus: Nicht wirklich platonisch. Gedichte. Frankfurt a. M.: Suhrkamp 1994.

Krolow, Karl (1915–99)
*Sommer hat mit leichter Hand* (aus »Pappellaub«) . . . . . . 159
Aus: Gesammelte Gedichte. Bd. 1. Frankfurt a. M.: Suhrkamp 1965.

Kunze, Reiner (geb. 1933)
*Selbstmord* . . . . . . . . . . . . . . . . . . . . . . . . . . . . 162
Aus: Zimmerlautstärke. Frankfurt a. M.: S. Fischer 1972.

Lear, Edward (1812–88)
*There was an Old Man of Kilkenny* . . . . . . . . . . . . . 137
Aus: The Complete Nonsense of Edward Lear. Hrsg. und eingel. von Holbrook Jackson. London: Faber & Faber 1947.

Marvell, Andrew (1621–78)
*An die spröde Geliebte* . . . . . . . . . . . . . . . . . . . . . 69
Englisches Original »To His Coy Mistress« in: The Poems and Letters. Hrsg. von H. M. Margoliouth. Oxford: Clarendon Press 1971.

Meyer, Conrad Ferdinand (1825–98)
*Ins Museum bin zu später Stunde* (aus »Auf Goldgrund«) 89
*Wild zuckt der Blitz* (aus »Die Füße im Feuer«) . . . . . . . 82
Aus: Sämtliche Werke. Hrsg. von Hans Zeller und Alfred Zäch. Bern: Benteli 1963.

Milton, John (1608–74)
*On his blindness* . . . . . . . . . . . . . . . . . . . . . . . . 128
Aus: The Poems of John Milton. Hrsg. von John Carey und Alastair Fowler. London: Longman 1968.

Mörike, Eduard (1804–75)
*Noch unverrückt, o schöne Lampe* (aus »Auf eine Lampe«) 56
*O flaumenleichte Zeit der dunklen Frühe!* (aus »An einem
 Wintermorgen, vor Sonnenaufgang«) . . . . . . . . . . . . 63
Aus: Sämtliche Werke. Hrsg. von Gerhart Baumann. Stuttgart: Cotta ²1961.

## Morgenstern, Christian (1871–1914)

*Der Trichter* . . . . . . . . . . . . . . . . . . . . . . . . . . 145
*Kroklokwafzi? Sememēmī* (aus »Das große Lalulā«) . . . . . 13

Aus: Jubiläumsausgabe in vier Bänden. Hrsg. von Clemens Heselhaus. Bd. 1. München: Piper 1979.

## Mozart, Wolfgang Amadeus (1756–91)

*Bona nox; bist a rechter Ochs* . . . . . . . . . . . . . . . . . 139

Aus: Deutsche Unsinnspoesie. Hrsg. von Klaus Peter Dencker. Stuttgart: Reclam 1978.

## Palm-Nesselmanns, C. (Pseudonym für: Clemens Plassmann) (1894–1970)

*Holde Nacht* . . . . . . . . . . . . . . . . . . . . . . . . . . 143

Aus: Die schönsten Schüttelgedichte. Gesammelt und hrsg. von Manfred Hanke. Stuttgart: Deutsche Verlags-Anstalt 1967.

## Papenfuß(-Gorek), Bert (geb. 1956)

*das derzeitige menschliche leben* . . . . . . . . . . . . . . . . 168

Aus: mors ex nihilo. Berlin: Druckhaus Galrev 1994.

## Platen, August Graf von (1796–1835)

*Allzu früh und fern der Heimat* (aus »Das Grab im Busento«) . . . . . . . . . . . . . . . . . . . . . . . . . . . . . 86
*Du grollst der Welt, weil du gebunden bist* . . . . . . . . . . 133
*Nächtlich am Busento lispeln* (aus »Das Grab im Busento«) 83

Aus: Sämtliche Werke in zwölf Bänden. Hist.-krit. Ausg. mit Einschluß des handschriftlichen Nachlasses. Hrsg. von Max Koch und Erich Petzet. Bd. 1–3. Leipzig: Hesse [o. J.].

## Racine, Jean (1639–99)

*A quel nouveau tourment je me suis réservée!* (aus »Phèdre«) 80

Aus: Dramatische Dichtungen und Gesänge. Französisch-deutsche Gesamtausg. Bd. 2. Darmstadt: Luchterhand 1956.

## Rilke, Rainer Maria (1875–1926)

*Auferstehung* .................................................. 147
*Nur wer die Leier schon hob* (aus »Sonette an Orpheus«) . . 132
*Wie soll ich meine Seele halten* (aus »Liebeslied«) . . . . . . . 54

Aus: Die Gedichte (nach der von Ernst Zinn besorgten Ausg. der Sämtlichen Werke, Insel Verlag 1957). Frankfurt a. M.: Insel Verlag 1986.

## Rückert, Friedrich (1788–1866)

*Blüte der Mandeln!* ........................................... 117
*Er: Selbst in weiter Ferne* ................................... 143
*Liebe, Unschuld, Inbrunst, Sitte, Ehre* .................. 141

Aus: Werke. Auswahl in acht Bänden. Hrsg. von Edgar Groß und Elsa Hertzer. Tl. II und IV. Berlin: Bong [o. J.].
Aus: Gerhard Grümmer, Spielformen der Poesie. Leipzig: VEB Bibliographisches Institut 1985.

## Rühmkorf, Peter (geb. 1929)

*In meinem Knochenkopfe* (aus »Auf eine Weise des Joseph
  Freiherrn von Eichendorff«) ............................... 163

Aus: Gesammelte Gedichte. Reinbek bei Hamburg: Rowohlt 1970.

## Saphir, Moritz Gottlieb (1795–1858)

*Wohltätig ist ein Regisseur* (aus »Das Lied vom Theater«) . . 147

Aus: Gerhard Grümmer, Spielformen der Poesie. Leipzig: VEB Bibliographisches Institut 1985.

## Schiller, Friedrich (1759–1805)

*Ewigklar und spiegelrein und eben* (aus »Das Ideal und das
  Leben«) ...................................................... 40
*Nänie* .......................................................... 104

Aus: Sämtliche Werke. Hrsg. von Gerhard Fricke und Herbert G. Göpfert. Bd. 1. München: Hanser ³1962.

## Verfasser- und Quellenverzeichnis

Schirmer, Michael (1606–73)
*O heilger Geist, kehr bei uns ein* . . . . . . . . . . . . . . . . . 78
Aus dem Evangelischen Gesangbuch (aller Landeskirchen).

Schnitzer, Ignaz (1839–1921)
*So ein Krieg ist ein Graus* . . . . . . . . . . . . . . . . . . . 42
Aus: Text der Gesänge zu »Der Zigeunerbaron«. Operette in 3 Akten. Musik von Johann Strauß. Leipzig: Cranz [o. J.].

Seidel, Heinrich (1842–1906)
*Auf den Rabenklippen* (aus »Erschütternde Schüttel-Knüttel-Reimballade«) . . . . . . . . . . . . . . . . . . . . . . . 60
Aus: Alles Unsinn. Deutsche Ulk- und Scherzdichtung von ehedem und momentan. Gesammelt und hrsg. von Heinz Seydel. Berlin: Eulenspiegel Verlag 1980.

Shakespeare, William (1564–1616)
*Sonnet 18* . . . . . . . . . . . . . . . . . . . . . . . . . . . 127
Aus: Sonnets and a Lover's Complaint. Hrsg. von John Kerrigan. Harmondsworth: Penguin 1986.

Southwell, Robert (1561?–95)
*As I in hoary winter's night* . . . . . . . . . . . . . . . . . . 83
Aus: The New Oxford Book of English Verse 1250–1950. Ausgew. und hrsg. von Helen Gardner. Oxford: Clarendon Press 1972.

Stolberg, Friedrich Leopold Graf zu (1750–1819)
*Mitten im Schimmer der spiegelnden Wellen* (aus »Lied auf dem Wasser zu singen«) . . . . . . . . . . . . . . . . . . 41
Aus: Der Göttinger Hain. Hrsg. von Alfred Kelletat. Stuttgart: Reclam 1967.

Storm, Theodor (1817–88)

*Am grauen Strand, am grauen Meer* (aus »Die Stadt«) .... 92
*Juli* ................................................ 28
*Über die Heide hallet mein Schritt* (aus »Über die Heide«) 86

Aus: Sämtliche Werke in vier Bänden. Hrsg. von Peter Goldammer. Bd. 1. Berlin: Aufbau-Verlag 1978.

Thomas, Dylan (1914–53)

*Do not go gentle into that good night* .............. 115

Aus: Collected Poems. 1934–1953. Hrsg. von Walford Davies und Ralph Maud. London: Dent 1988.

Törne, Volker von (1934–80)

*Mein Großvater starb* ............................... 106

Aus: Im Lande Vogelfrei. Gesammelte Gedichte. Berlin: Wagenbach 1981.

Trakl, Georg (1887–1914)

*Verfall* ............................................. 130

Aus: Dichtungen und Briefe. Hist.-krit. Ausg. von Walther Killy und Hans Szklenar. Bd. 1. Salzburg: Otto Müller 1969.

Uhland, Ludwig (1787–1862)

*Bei einem Wirte wundermild* (aus »Einkehr«) ......... 89
*Es stand in alten Zeiten* (aus »Des Sängers Fluch«) .. 91
*Schönste! du hast mir befohlen* (aus »Der Rezensent«) 118

Aus: Werke. Hrsg. von Hartmut Fröschle und Walter Scheffler. Bd. 1. München: Winkler 1980.

Voss, Johann Heinrich (1751–1826)

*Klingsonate* ........................................ 131

Aus: Deutsche Unsinnspoesie. Hrsg. von Klaus Peter Dencker. Stuttgart: Reclam 1978.

Weckherlin, Georg Rodolf (1584–1653)

*An die Marina. Ein Rund-um* . . . . . . . . . . . . . . . . . . 113

Aus: Gedichte. Hrsg. von Christian Wagenknecht. Stuttgart: Reclam 1972.

Weinheber, Josef (1892–1945)

*Einen Sommer gönnt ihr Gewaltigen* (aus »Variationen auf eine Hölderlinsche Ode«) . . . . . . . . . . . . . . . . . . . . 96

Aus: Sämtliche Werke. Hrsg. von Josef Nadler und Hedwig Weinheber. Bd. 2. Salzburg: Otto Müller 1954.

Weiss, Peter (1916–82)

*Als Direktor der Heilanstalt Charenton* . . . . . . . . . . . . 85

Aus: Die Verfolgung und Ermordung Jean Paul Marats dargestellt durch die Schauspielgruppe des Hospizes zu Charenton unter Anleitung des Herrn de Sade. Frankfurt a. M.: Suhrkamp 1964.

# Literaturempfehlungen

## *Nachschlagewerke*

Horst J. Frank: Handbuch der deutschen Strophenformen. München: Hanser 1980. 2., durchges. Aufl. Tübingen: Franke 1993.
Enthält u. a. graphische Darstellungen zur statistischen Verteilung der einzelnen Formen in den Epochen.

Otto Knörrich: Lexikon lyrischer Formen. Stuttgart: Kröner 1992.
Erklärt viele Begriffe aus der Poetik; wenig Textbeispiele.

## *Lernhilfe*

Ivo Braak: Poetik in Stichworten. Literaturwissenschaftliche Grundbegriffe. Eine Einführung. Kiel: Hirt $^7$1990.
Sehr übersichtliche, didaktisch gut aufbereitete Darstellung des literaturwissenschaftlichen Grundwissens; viele Textbeispiele.

## *Zur Einführung in Lyrik und Verslehre*

Wolfgang Kayser: Kleine deutsche Versschule. Bern: Francke 1946. $^{25}$1995.

Gerhard Storz: Der Vers in der neueren deutschen Dichtung. Stuttgart: Reclam 1970.

Bernhard Asmuth: Aspekte der Lyrik. Mit einer Einführung in die Verslehre. Opladen: Westdeutscher Verlag 1972. $^7$1984. (Grundstudium Literaturwissenschaft.)

Hans-Dieter Gelfert: Wie interpretiert man ein Gedicht? Stuttgart: Reclam 1990. 4., durchges. Aufl. 1994.

## *Metrik und Verslehre*

Die deutschen Publikationen zur Metrik werden von dem Streit um Andreas Heuslers Verslehre beherrscht, weshalb sie z. T. widersprüchlich in ihren Aussagen sind.

Erwin Arndt: Deutsche Verslehre. Berlin: Volk und Wissen 1958. 13., bearb. Aufl. 1995.

Otto Paul / Ingeborg Glier: Deutsche Metrik. München: Hueber 1961. ⁹1974.
Überarbeitete Fassung der »Deutschen Metrik« von Otto Paul (1938), die auf Heuslers Theorien basiert, während sich Ingeborg Glier davon vorsichtig distanziert.
Fritz Schlawe: Neudeutsche Metrik. Stuttgart: Metzler 1972.
Sehr komprimiert; mit Tabellen zur historischen Verbreitung einzelner Versformen.
Dieter Breuer: Deutsche Metrik und Versgeschichte. München: Fink 1981.
Christian Wagenknecht: Deutsche Metrik. Eine historische Einführung. München: Beck 1981. ³1993.
Sehr komprimiert; für Studienzwecke gedacht.
Leif Ludwig Albertsen: Neuere deutsche Metrik. Bern / Frankfurt a. M.: Lang 1984.
Alfred Behrmann: Einführung in den neueren Vers. Von Luther bis zur Gegenwart. Eine Vorlesung. Stuttgart: Metzler 1989.
Hugo Blank: Kleine Verskunde. Einführung in den deutschen und romanischen Vers. Heidelberg: Winter 1990.
Sehr klare, knappe, didaktisch gut aufgebaute Darstellung.
Hans Paul Fiechter: Lyrik lesen. Grundlagen einer praktischen Poetik. Stuttgart: Verlag Freies Geistesleben 1995.
Allgemeinverständliche, intuitive Betrachtungsweise.

*Zur linguistischen Fundierung der Metrik (sehr theoretisch)*

Jurij N. Tynjanow: Das Problem der Verssprache. Zur Semantik des poetischen Textes. München: Fink 1977.
Christoph Küper: Sprache und Metrik. Semiotik und Linguistik des Verses. Tübingen: Niemeyer 1988.
Achim Barsch: Metrik, Literatur und Sprache. Generative Metrik zwischen empirischer Literaturwissenschaft und generativer Phonologie. Braunschweig: Vieweg 1991.

*Speziell zum Rhythmus*

Fritz Lockemann: Der Rhythmus des deutschen Verses. Spannkräfte und Bewegungsformen in der neuhochdeutschen Dichtung. München: Max Hueber 1960.

## Zum freien Vers

Leif Ludwig Albertsen: Die freien Rhythmen. Rationale Bemerkungen im allgemeinen und zu Klopstock. Aarhus: Akademisk Boghandel 1971.
Hans-Jost Frey / Otto Lorenz: Kritik des freien Verses. Heidelberg: Lambert Schneider 1980.
Bert Nagel: Der freie Vers in der modernen Dichtung. Göppingen: Kümmerle 1989. (Göppinger Arbeiten zur Germanistik 512.)

## Zu Spielformen der Lyrik

Gerhard Grümmer: Spielformen der Poesie. Leipzig: VEB Bibliographisches Institut 1985.
Reich an Beispielen; schließt auch die meisten romanischen Gedichtformen ein.

## Anthologien deutscher Lyrik

Karl Otto Conrady: Das große deutsche Gedichtbuch. Kronsberg i. Ts.: Athenäum Verlag 1977.
Die reichhaltigste Anthologie deutscher Lyrik vom Althochdeutschen bis in die 70er Jahre.
– Das große deutsche Gedichtbuch von 1500 bis zur Gegenwart. 2., rev. Aufl. München: Artemis Verlag 1993.
Hier fehlen die alt- und mittelhochdeutschen Gedichte; dafür reicht die Sammlung bis in die jüngste Zeit.

# Sachwortregister

Abgesang 124
Absatz 21
Abweichung 15–17
Achttakter 83 f.
Additionsprinzip 66 f.
adonischer Vers 78
Akrostichon 141
Akroteleuton 141
akzentuierende Metrik 32, 35–38
Alexandriner 55, 80, 97
alkäische Odenstrophe 95
Alliteration 58
Alternationsprinzip 67
alternierende Metrik 32, 39
Amphibrachys 42 f.
Anapäst 33 f., 39, 42 f., 79
Antithese 68 f.
Antode 97
Arsis 33
asklepiadeische Odenstrophe 96
Assonanz 57, 58 f., 120
Assoziationsprinzip 73
Aufgesang 124
Augenreim 61
Ausdruck 17 f.

Ballade 109–111
Balladenstrophe 77, 90
Binnenreim 61 f.
Blankvers 55, 79
Bogenstil 54
*border ballad* 109

Chanson 161 f.
Chevy-Chase-Strophe 90

Clerihew 138 f.
*conceit* 128
*concetto* 128
*couplet* 125
Crescendo-Prinzip 74 f.

Daktylus 33 ff., 39, 41 ff., 49, 79
Dezime 94
Diärese 55 f.
Dipodie 32
Diskurs 21
Distichon 35, 80 f., 86, 96
dramatischer Monolog 151–155
Drei-Schritt-Schema 69–71
Dreitakter 79

Eintakter 77 f.
Elegie 103 f.
Elision 38
*endecasillabo* 38
Endreim 57
Enjambement 54, 89
*envoi* 112
Epigramm 96 ff.
Epode 97
Epos 79, 81

fallendes Metrum 40–43
Figurengedicht 144 f.
freie Rhythmen 148–151, 167
Fünftakter 79

Gasel 133 f.
gebrochener Reim 61
Gedicht 21, 64–76
Gegenstollen 71

Geleit  112
*genus floridum*  156
*genus grande*  156
*genus humile*  156
*genus mediocre*  156
*genus medium*  156
*genus sublime*  156
*genus subtile*  156
*genus tenue*  156
germanische Langzeile  84
gespaltener Reim  59
Glosse  118–120
gradtaktiges Metrum  44
grammatischer Reim  61

Haiku  134 f.
Hakenstil  54
Haufenreim  63
Hebung  35
*heroic couplet*  79, 81
Hexameter  35, 80 f.
Hiatus  38
Hymne  101–103

Iktus  32
isochrone Metrik  32, 33–35
isoiktische Metrik  32, 35–38
Isomorphie  32
isopodische Metrik  40–43
isosyllabische Metrik  32, 38 f.

Jambus  33, 39, 40, 43 f., 51, 79

Kadenz  52 f.
Kanzone  112, 124
Kausalprinzip  67 f.
Kehrreim  63 f.
Klangfarbe  23–28
Klapphornvers  136
Knittelvers  38, 84 f.
Königsbeit  134

Kolon  56
komplexe Formen  76
Komplexität  10 f.
konkrete Poesie  163
Krebsgedicht  135
Kreuzreim  63
Kryptogramm  140–142
Kunstballade  67
Kunstlied  107–111

Laut  21
Lebervers  135
Leich  107
Lexem  20
Lied  107–109
Limerick  92, 136 f., 138
lyrisches Ich  152, 167

Madrigal  117 f.
Madrigalon  117
männlicher Reim  41, 59
makkaronische Dichtung  139 f.
Mehrfachreim  60
Mehr-Satz-Prinzip  75
Meistersangstrophe  71
Melodie  28–31
Mesostichon  141
Metaphernlyrik  160
Metrum  22, 31–44, 56
*Miltonic sonnet*  128
Minnesang  107
*mock heroic*  81
Morphem  20

Naturlyrik  159, 164
Nibelungenstrophe  90 f.
Nonarime  94
Nonsens  15, 136 f.
Notarikon  141

## Sachwortregister

Ode 97–101
Oktave 124
Ordnung 12–15
*ornatus difficilis* 156
*ornatus facilis* 156
Ottaverime 94
*overstatement* 16 f.

Paarreim 62
Panegyrik 156
paralinguistisch 19–23
Parodie 81, 130, 146–148
Pentameter 35, 55, 80 f., 97
Phonem 19 f.
pindarische Hymne 101
pindarische Ode 97

quantitierende Metrik 32, 33–35
Quartett 64, 124

Refrain 64, 113
Reim 22, 57–64
Reimschema 62–64
repetierende Metrik 32, 40–43
rhapsodische Dichtung 157
Rhythmus 45–50, 56
*rime riche* 60
Ritornell 71, 116 f.
romanische Ballade 109, 112
Romanze 59, 89, 120 f.
Rondeau 71, 112 f.
Rondel 71, 113 f.
rührender Reim 60

sapphische Odenstrophe 96
Satz 20 f.
Scherzgedichte 135–148
Schlagreim 61

Schüttelreim 60, 142 f.
Sechstakter 80–82
Senkung 35
Septenar (in der Antike) 82
Septenar (im Mittelalter) 77, 82 f.
Sequenz 107
Sestine 121–123
Sextett 124
Siebentakter 82 f.
Silbe 21, 31 ff.
Silbenreim 57, 59 f.
silbenzählende Metrik 32, 38 f.
Sirventes 112
Soldatenlied 107
Sonett 64, 68, 87, 123–132
Spaltverse 145
*Spenserian stanza* 94 f.
Spondeus 33 f.
Spruch 105 f.
Spruchdichtung 105 f., 162 f., 168
Stabreim 36 f., 57, 58
Ständelied 107
Stanze 94
steigendes Metrum 40–43
Stollen 71
Strambotto 124
Strophe 21, 64 f., 85–96
Studentenlied 107
Symboldichtung 164
Symmetrie 75

Takt 52 f.
Tanka 135
Tanzlied 107
Telestichon 141
Terzett 65, 87, 124
Terzine 87 f.

Tetrameter 82
Textem 21
Thesis 33
Trimeter 34, 81 f.
Triolett 114 f.
Trochäus 33, 39, 40 f., 43 f., 48 f., 51, 79, 120

umarmender Reim 63
*understatement* 16 f.
ungradtaktiges Metrum 44
unreiner Reim 59

Vers 6 f., 14, 51–57, 77–85
Versanfang 51 f.
Versbindung 6 f., 22, 57–64
*vers commun* 55, 79
Versende 52–54
Versfuß 21
Versgliederung 55–57

*vers libre* 118
*versus rhopalicus* 38
Viertakter 79
Villanella 115 f.
Vokal 23 ff.
Vokalintervall 24
Vokalsequenz 27
Vokalspannung 24 f.
Volksballade 109
Volkslied 107 f.
Volksliedstrophe 88–90

Waise 93
weiblicher Reim 41, 59
Wortfuß 56

Zäsur 35, 55 f., 80, 91
Zeilenstil 54
Zirkel-Schema 71–73
Zweitakter 78